Andrea Pölzl, Monika Stessel-Hermanek u.a.

Lasso Sachbuch 3/4

Teil A

Unter Verwendung des Lebensbereichkonzepts
von Kerstin Schmidt-Hönig und Natanya Tinnefeld

www.oebv.at

4 Lebensbereiche

Das Lasso Sachbuch orientiert sich an der Lebenswelt des Kindes, die sich stetig erweitert: Ich → Wir → Um uns herum → Die Welt verstehen
Jedes Thema ist einem dieser 4 Lebensbereiche zugeordnet:

Ich

Wir lernen überall

Feriengeschichten

In den Ferien konntest du dich erholen und **Kraft für das neue Schuljahr tanken.** Jasmin und Andreas haben in den Ferien etwas Neues gelernt. Auch Tobi, Daria und Bianca berichten von ihren **Ferienerlebnissen.**

1 Hast du in den Ferien auch etwas Neues gelernt? Erzähle davon.

2 Schreibe auf, was du in den Ferien gemacht hast. Hast du etwas Besonderes erlebt? Zeichne ein Bild oder klebe ein Foto dazu.

10 LP ▸ Über Ferienerlebnisse sprechen; Ferienerlebnisse reflektieren und darüber schreiben können

Wir

Wir lernen überall

Die Schule – ein Ort zum Wohlfühlen

Schulen sollen **Orte** sein, an denen sich alle **wohl fühlen** und **gerne lernen und arbeiten**. Dabei helfen **Regeln**, an die sich alle halten. Regeln sind für das **Zusammenleben** wichtig.
Es ist auch wichtig, mit den **Kindern** und **Lehrkräften** der anderen Klassen respektvoll umzugehen.

1 Vergleicht eure Klassenregeln mit denen von anderen Klassen.

2 Diskutiert, wie man sich auf dem Gang, in gemeinsam genutzten Räumen oder der Frau Direktorin, dem Herrn Direktor oder der Schulwartin oder dem Schulwart gegenüber verhält.

3 Welche Regeln sollen nun gelten? Stimmt darüber ab und gestaltet eine Übersicht.

4 Stellt euch vor, es gibt in eurer Klasse keine Regeln. Wie würde euer Schulalltag aussehen? Überlegt, ob ihr euch in so einer Klasse wohlfühlen würdet.

LP ▸ Bedeutung von Regeln für das Zusammenleben erkennen

13

Um uns herum

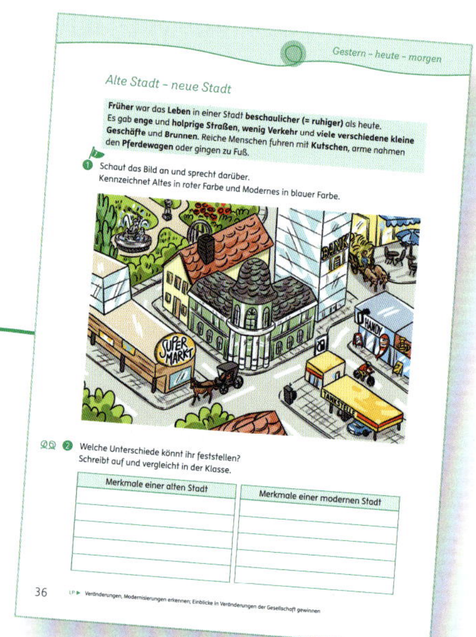
Gestern – heute – morgen

Alte Stadt – neue Stadt

Früher war das **Leben** in einer Stadt **beschaulicher (= ruhiger)** als heute. Es gab **enge** und **holprige Straßen, wenig Verkehr** und **viele verschiedene kleine Geschäfte** und **Brunnen**. Reiche Menschen fuhren mit **Kutschen**, arme nahmen den **Pferdewagen** oder gingen zu Fuß.

1 Schaut das Bild an und sprecht darüber. Kennzeichnet Altes in roter Farbe und Modernes in blauer Farbe.

2 Welche Unterschiede könnt ihr feststellen? Schreibt auf und vergleicht in der Klasse.

Merkmale einer alten Stadt	Merkmale einer modernen Stadt

36 LP ▸ Veränderungen, Modernisierungen erkennen; Einblicke in Veränderungen der Gesellschaft gewinnen

Die Welt verstehen

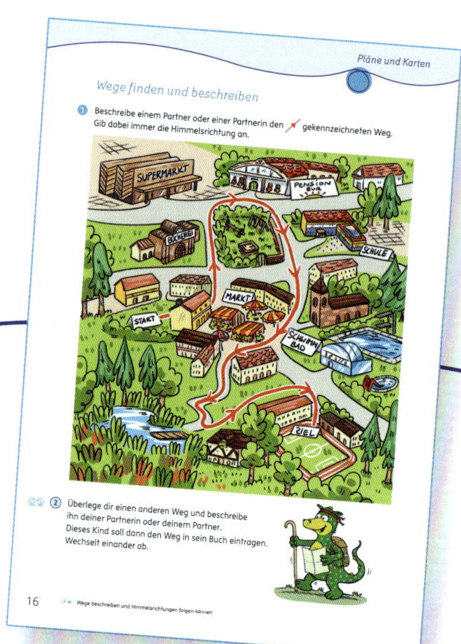
Pläne und Karten

Wege finden und beschreiben

1 Beschreibe einem Partner oder einer Partnerin den gekennzeichneten Weg. Gib dabei immer die Himmelsrichtung an.

2 Überlege dir einen anderen Weg und beschreibe ihn deiner Partnerin oder deinem Partner. Dieses Kind soll dann den Weg in sein Buch eintragen. Wechselt einander ab.

16 LP ▸ Wege beschreiben und Himmelsrichtungen folgen können

ABC des Lernens

Auf den Seiten 7 bis 9 werden im „ABC des Lernens“ verschiedene Arbeits- und Lernmethoden vorgestellt.

Die Arbeits- und Lernmethoden werden im Buch durchgehend bei passender Gelegenheit angewendet. Ein eigenes Symbol verweist direkt bei den Aufgaben auf die jeweilige Methode.

Das bedeuten diese Zeichen:

- Arbeitet zu zweit oder in Gruppen.
- Entdecke und forsche.
- Schreibe.
- ③ Diese Aufgabe fordert dich besonders.
- 4 Schau im ABC des Lernens nach.

Inhalt

Ich

Wir

Um uns herum

Die Welt verstehen

1 *Eine Diskussion führen*

Wer mit anderen diskutiert, tauscht in einem Gespräch sachlich Meinungen aus. Bei einer Diskussion ist es wichtig, einander zuzuhören und sich gegenseitig ausreden zu lassen.

Formulierungshilfen:
- Ich meine, dass ...
- Dazu möchte ich sagen, dass ...
- Da bin ich ganz anderer Meinung ...
- Können wir uns nicht darauf einigen, dass ... ?
- Seid ihr damit einverstanden, dass ... ?

2 *Einen Lehrausgang planen*

Das müssen wir beachten:
- Kontakt mit Ansprechpersonen aufnehmen
- Termine vereinbaren
- Anreise organisieren
- Fragen überlegen und aufschreiben
- Klemmbrett, Schreibblock und Stift oder Aufnahmegerät vorbereiten
- Materialien mitbringen
- Auswertung überlegen

3 *Im Internet suchen*

Du kannst über eine **Suchmaschine** Informationen suchen. Gib den Begriff ein, über den du mehr erfahren willst. Der Computer zeigt dir alles, was er dazu gefunden hat.
Oft ist es nicht das, was du dir erwartet hast. Dann musst du es mit anderen Wörtern versuchen.

Schreibe die Informationen auf oder drucke sie dir aus.

4 Einen Steckbrief erstellen

Mit einem Steckbrief kannst du jemanden über eine Person, ein Tier, eine Pflanze oder einen Gegenstand informieren.

Sammle dazu alles, was du weißt oder herausgefunden hast.
Schreibe es kurz, einfach und sachlich auf.
Ein Bild oder eine Zeichnung ist meist hilfreich.
Der Steckbrief kann in Stichworten geschrieben werden.

Der Steckbrief antwortet auf folgende Fragen:
- Woher?
- Wann?
- Wie?
- Was?
- Wo?

Beispiele:
- Wo lebt das Tier?
- Wie groß ist es?
- Was sind seine Besonderheiten?

5 Ein Interview durchführen

Das musst du beachten:
- Informiere dich, worum es in dem Interview gehen wird.
- Stimme den Termin ab.
- Erstelle einen Fragebogen.
- Überlege dir, wie du die Antworten auswerten wirst.

Tipps:
- Schaut einander beim Interview an.
- Gib genug Zeit für Antworten.
- Frage nach, wenn du etwas nicht verstanden hast.

6 Ein Portfolio anlegen

Wie legt man ein Portfolio an?

- Nimm eine Mappe und gestalte ein Titelblatt.
- Hefte ein, was du gesammelt hast, z. B. Bilder, Zeitungsartikel, eine Geschichte, eigene Gedanken, eine Bastelanleitung, einen Versuch – alles, was dazugehört und dir wichtig ist. Schreibe dazu, woher du die Information hast.
- Schreibe eine Gliederung oder ein Inhaltsverzeichnis.

Was kann ich mit dem Portfolio machen?

- Es kann den Unterricht bereichern.
- Du kannst es an Interessierte verleihen.
- Du kannst es bei einem Vortrag benutzen.
- Es soll dir selbst Freude machen.

7 Ein Referat halten

Das musst du beachten:

- Mache dir Notizen.
- Übe das Vortragen zu Hause, sprich laut und deutlich.
- Bereite ein Plakat vor.
- Du kannst Bilder, Bücher und Gegenstände herzeigen.
- Du kannst etwas vorzeigen und ausprobieren lassen.
- Beantworte Fragen mit einfachen Sätzen.

8 Feedback geben

Wenn du etwas für andere vorbereitet oder präsentiert hast, freust du dich über eine Rückmeldung. Und denke daran: Andere freuen sich auch über deine Rückmeldung.

Gelegenheiten für ein Feedback:

- nach einem Vortrag
- nach einer Theateraufführung
- nach einem Spiel
- nach einer Ausstellung
- nach einer Einladung ...

Feriengeschichten

In den Ferien konntest du dich erholen und **Kraft für das neue Schuljahr tanken**. Jasmin und Andreas haben in den Ferien etwas Neues gelernt. Auch Tobi, Daria und Bianca berichten von ihren **Ferienerlebnissen**.

Ich habe in Frankreich allein eingekauft und Wörter auf Französisch gesagt.

Andreas

An der Ostsee haben wir Bernstein gefunden. Ich habe gelernt, dass es gar kein Stein ist, sondern Harz von Nadelbäumen, das vor Millionen Jahren ins Meer getropft ist. Manchmal sind kleine Insekten im Bernstein eingeschlossen.

Jasmin

Wir waren im Mühlenhofmuseum. Bei einem Töpfer haben wir gelernt, mit einer Töpferscheibe zu arbeiten. Ich habe einen Napf für unsere Katze getöpfert.

Tobi

Ich war manchmal im Hort und oft bei meinen Großeltern. Dort hatte ich viel Zeit zum Spielen und Faulenzen. Ich habe auch spannende Bücher gelesen. Mit meinen Großeltern war ich schwimmen und Rad fahren.

Daria

Ich war auf einem Bauernhof. Dort habe ich versucht, eine Kuh zu melken. Ich habe gesehen, dass Schweine schnell laufen können.

Bianca

1. Hast du in den Ferien auch etwas Neues gelernt? Erzähle davon.

2. Schreibe auf, was du in den Ferien gemacht hast. Hast du etwas Besonderes erlebt? Zeichne ein Bild oder klebe ein Foto dazu.

LP ▶ Über Ferienerlebnisse sprechen; Ferienerlebnisse reflektieren und darüber schreiben können

Ich über mich

Für eine gute **Klassengemeinschaft** ist es wichtig, die **Mitschülerinnen** und **Mitschüler besser kennen zu lernen**.

1 Beantworte die Fragen.
Vergleicht eure Antworten. Gibt es Gemeinsamkeiten? Wo findet ihr Unterschiede?

1 Was spielst du am liebsten?

____

2 Hast du eine Freundin oder einen Freund?

____

3 Sammelst du etwas, zum Beispiel Karten, Muscheln, Steine, Münzen, Briefmarken ...?

____

4 Was kannst du gut?

____

5 Gibt es etwas, das du gern noch besser lernen möchtest?

____

6 Was machst du in der Schule besonders gern?

____

7 Hast du schon einmal etwas gemacht, auf das du richtig stolz bist?

____

8 Stelle dir vor, dass du unter einem uralten Baum sitzt.
Du kannst ihn alles fragen, was du schon immer wissen wolltest.
Was würdest du ihn fragen?

____

____

____

____

____

____

LP ▶ Sich selbst besser kennen lernen; einander von sich selbst erzählen; mit Kindern philosophieren

Miteinander auskommen

Eine gute **Klassengemeinschaft** macht das Zusammenleben und Lernen schöner.
Für ein **respektvolles Miteinander** sind **Regeln** hilfreich.

1 Auf welchem Bild fühlt sich das außen stehende Kind besser? Warum? Welche ähnlichen Situationen kennt ihr?

Erinnert ihr euch an Situationen, in denen sich jemand ausgeschlossen fühlte, beleidigt oder gekränkt wurde?

8

2 Spielt solche Situationen nach.
Überlegt euch ein Thema und verteilt die Rollen. Sprecht anschließend darüber.
Wie habt ihr euch verhalten? Wie habt ihr euch gefühlt?

Versucht, für alle Beteiligten gute Lösungen zu finden.
Das nennt man eine sogenannte „Win-win-Strategie“.

3 Überlege dir Regeln, die das Zusammenleben in eurer Klasse erleichtern.
Schreibe Gesprächs- und Verhaltensregeln auf ein Blatt Papier.

4 Vergleicht eure Ideen und einigt euch auf einige wichtige Regeln.
Hängt die vereinbarten Klassenregeln für alle gut sichtbar in der Klasse auf.

5 Legt eine Liste mit Klassendiensten an und hängt sie in der Klasse auf.
Macht untereinander aus, wer welchen Dienst übernimmt und wann ihr tauschen wollt.

LP ▶ Miteinander gut auskommen;
Regeln für das Zusammenleben ausarbeiten und einhalten können

Die Schule – ein Ort zum Wohlfühlen

Schulen sollen **Orte** sein, an denen sich alle **wohl fühlen** und **gerne lernen und arbeiten**. Dabei helfen **Regeln**, an die sich alle halten. Regeln sind für das **Zusammenleben** wichtig.
Es ist auch wichtig, mit den **Kindern** und **Lehrkräften** der anderen Klassen respektvoll umzugehen.

1. Vergleicht eure Klassenregeln mit denen von anderen Klassen.

2. Diskutiert, wie man sich auf dem Gang, in gemeinsam genutzten Räumen oder der Frau Direktorin, dem Herrn Direktor oder der Schulwartin oder dem Schulwart gegenüber verhält.

3. Welche Regeln sollen nun gelten?
Stimmt darüber ab und gestaltet eine Übersicht.

4. Stellt euch vor, es gibt in eurer Klasse keine Regeln.
Wie würde euer Schulalltag aussehen?
Überlegt, ob ihr euch in so einer Klasse wohlfühlen würdet.

Himmelsrichtungen bestimmen

Die **Erde dreht sich** ständig. Für eine Umdrehung um ihre eigene Achse benötigt sie einen **Tag**. So hast du den Eindruck, dass die **Sonne** im Laufe des Tages über den Himmel **wandert**.
Mit Hilfe der Sonne kannst du die **Himmelsrichtungen** bestimmen.
Die vier Himmelsrichtungen heißen: **Norden, Osten, Süden, Westen**.

Im **Osten** geht die Sonne auf. Im **Süden** steigt sie hoch hinauf.
Im **Westen** wird sie untergehen. Im **Norden** ist sie nie zu sehen.

Westen
Sonnenuntergang

Osten
Sonnenaufgang

1 Ergänze.

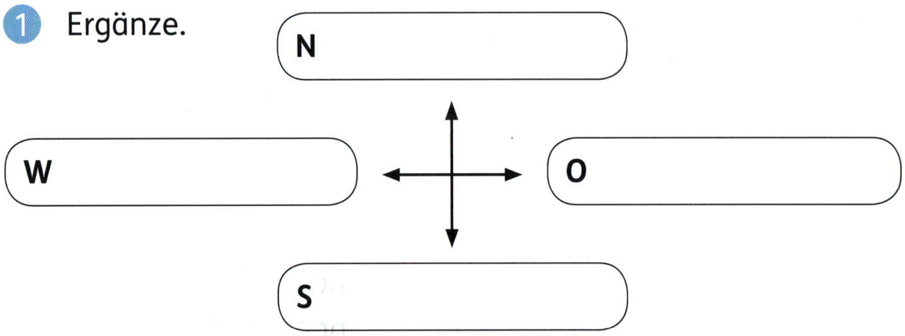

Zu Mittag steht die Sonne im **Süden.** Dein Schatten zeigt nach **Norden.**

2 Zeichnet an einem sonnigen Tag das Kreuz der Himmelsrichtungen auf euren Schulhof.

3 Bestimmt die Himmelsrichtung, in die die Fenster eurer Klasse oder das Schultor zeigen.
Hängt in der Klasse Kärtchen mit den Himmelsrichtungen auf.

4 Wählt ein Ziel in der Klasse aus (zum Beispiel das Waschbecken).
Gebt dann einem Kind Anweisungen wie zum Beispiel: „Gehe zwei Schritte nach Norden, dann drei Schritte nach Osten, einen Schritt nach Süden."
Ist das Kind beim Waschbecken angekommen?

Folge den Himmelsrichtungen

Um die **Himmelsrichtungen** noch genauer beschreiben zu können, gibt es zwischen den vier Haupthimmelsrichtungen noch weitere Nebenhimmelsrichtungen: **Nordosten, Südosten, Südwesten, Nordwesten**. Auf vielen Plänen und Karten findet man eine so genannte **Windrose**. Mit ihrer Hilfe können Winde, Windrichtungen und Himmelsrichtungen grafisch dargestellt werden.

1. Schreibe die Himmelsrichtungen zur Windrose.

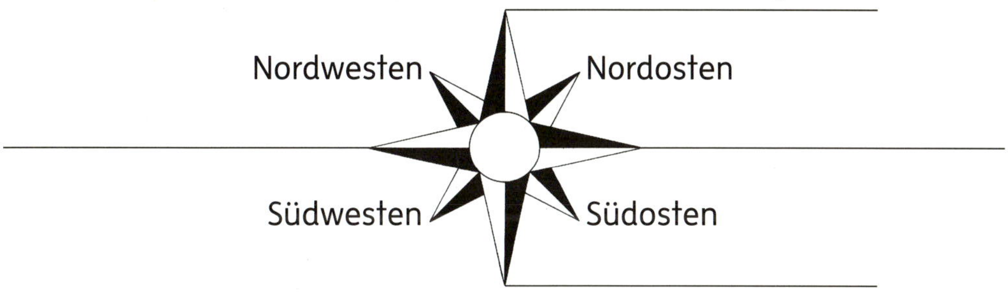

2. Zeichne Figuren nach der Anweisung unten ein.

Von A: 2 Felder nach Norden, 2 Felder nach Osten, 2 Felder nach Norden, 2 Felder nach Osten, 2 Felder nach Süden, 2 Felder nach Osten, 2 Felder nach Süden, 2 Felder nach Westen, 2 Felder nach Süden, 2 Felder nach Westen, 2 Felder nach Norden, 2 Felder nach Westen

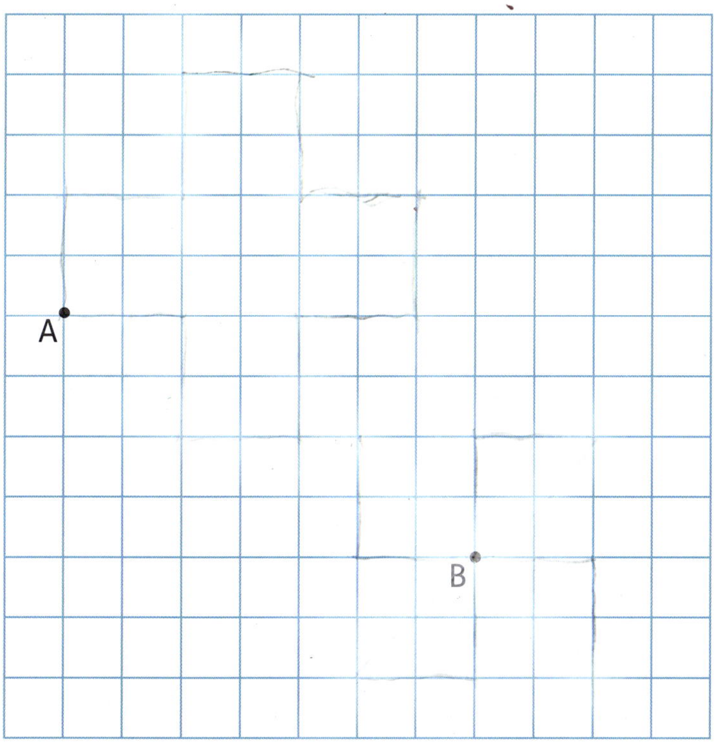

Von B: 2 Felder nach Norden, 2 Felder nach Osten, 2 Felder nach Südwesten, 2 Felder nach Osten, 2 Felder nach Süden, 2 Felder nach Nordwesten, 2 Felder nach Süden, 2 Felder nach Westen, 2 Felder nach Nordosten, 2 Felder nach Westen, 2 Felder nach Norden, 2 Felder nach Südosten

3. Zeichne eigene Figuren und diktiere die Himmelsrichtungen einem anderen Kind. Vergleicht eure Zeichnungen.

LP ▶ Nebenhimmelsrichtungen nennen und Windrose erklären können

Wege finden und beschreiben

1 Beschreibe einem Partner oder einer Partnerin den ↗ gekennzeichneten Weg. Gib dabei immer die Himmelsrichtung an.

2 Überlege dir einen anderen Weg und beschreibe ihn deiner Partnerin oder deinem Partner. Dieses Kind soll dann den Weg in sein Buch eintragen. Wechselt einander ab.

Mein Schulweg

1 Bringe einen Plan deines Wohnortes mit. Kreise alle wichtigen Gebäude ein. Zeichne nun deinen Schulweg ein.

2 Kreuze an und überlege dir zwei weitere Fragen.

	ja	nein
Gibt es auf deinem Schulweg ein Gemeindeamt?	○	○
Befindet sich auf deinem Schulweg eine Bushaltestelle?	○	○
Liegt deine Schule in der Nähe eines Berges?	○	○
Gehst du auf deinem Schulweg über eine Brücke?	○	○
Gehst du auf deinem Schulweg durch einen Park?	○	○
Benützt du auf deinem Schulweg einen Bahnübergang?	○	○
	○	○
	○	○

3 Schaut euch die Lage eures Schulhauses auf dem Plan genau an.
Denkt daran, dass auf einer Landkarte oder auf einem Plan Norden immer oben ist.

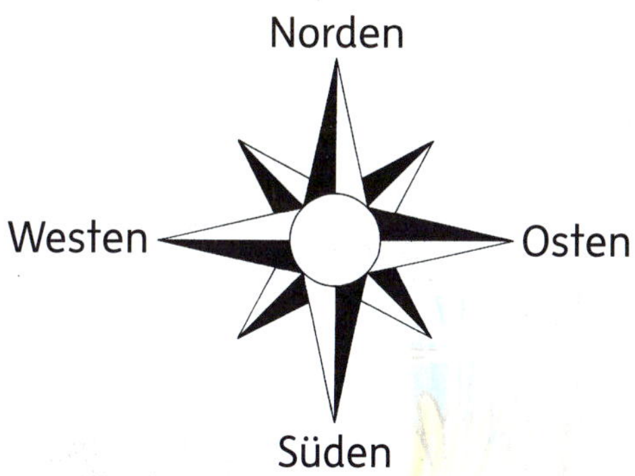

4 Schreibe auf, in welcher Himmelsrichtung wichtige Gebäude, zum Beispiel Sehenswürdigkeiten und Parks, von eurem Schulhaus aus gesehen liegen.

im Norden: ______________________________

im Osten: ______________________________

im Süden: ______________________________

im Westen: ______________________________

LP ▶ Den Schulweg genauer betrachten; Pläne verstehen; mit Himmelsrichtungen umgehen können

Grundrisse

Stell dir vor, du bist ein Vogel und fliegst über deinen Ort. Kannst du dir vorstellen, wie dein Haus von oben aussieht, also aus der Vogelperspektive?
Die **Darstellung eines Gegenstandes von oben** gesehen nennt man **Grundriss**.
Auf **Plänen** werden **Körper** (so nennt man **Gegenstände** oder **Gebäude**) im Grundriss dargestellt.

Wenn du von oben auf eine Zündholzschachtel schaust, siehst du ein Rechteck.
Dieses Rechteck ist der Grundriss der Zündholzschachtel.

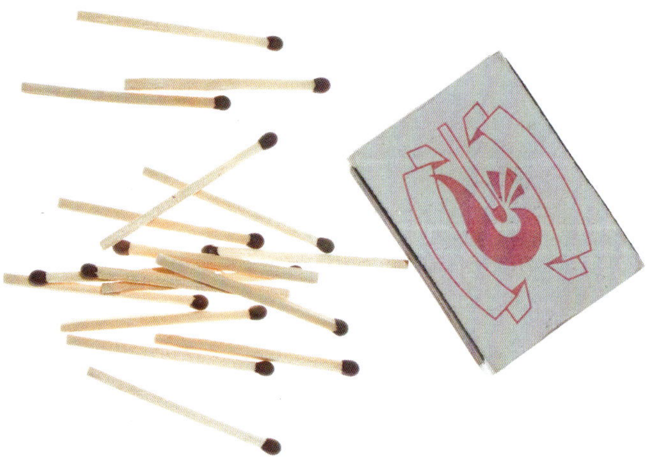

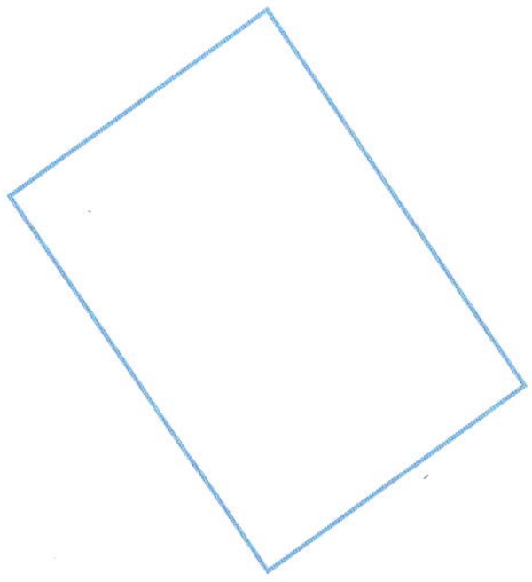

1 Lege die Zündholzschachtel auf verschiedene Arten auf und zeichne den Grundriss. Wie viele verschiedene Möglichkeiten gibt es? Vergleicht eure Ergebnisse.

2 Male die Grundrisse in den richtigen Farben an.

LP ▶ Grundrissvorstellungen interpretieren und dabei das Verständnis für Verebnung anbahnen

Pläne zeichnen

Auf **Plänen** ist die **Wirklichkeit verkleinert** abgebildet.
Die **Erklärung** der verwendeten **Farben** und **Zeichen** nennt man **Legende**.

1 Entwerft selbst einen Plan.

1. Legt einen großen Bogen Packpapier auf den Boden. Baut mit Bausteinen oder Lego eine Ortschaft auf. Wichtige Gebäude sind: Wohnhäuser, Kirche, Gemeindeamt oder Rathaus, Feuerwehr, Bahnhof, Geschäfte, Gasthaus, Schule.

2. Zeichnet Straßen grau und Gewässer blau ein. Für Parks und Grünflächen verwendet die Farbe Grün.
3. Umfahrt nun alle Gebäude mit einem schwarzen Stift und legt anschließend alle Bausteine zur Seite. Jetzt seht ihr die Grundflächen der Gebäude auf dem Packpapier. Malt die Flächen mit verschiedenen Farben an, dann ist euer Plan fertig.

2 Ein Klassenzimmer.
Male auf dem Plan die Grundrisse der Gegenstände in den richtigen Farben an.

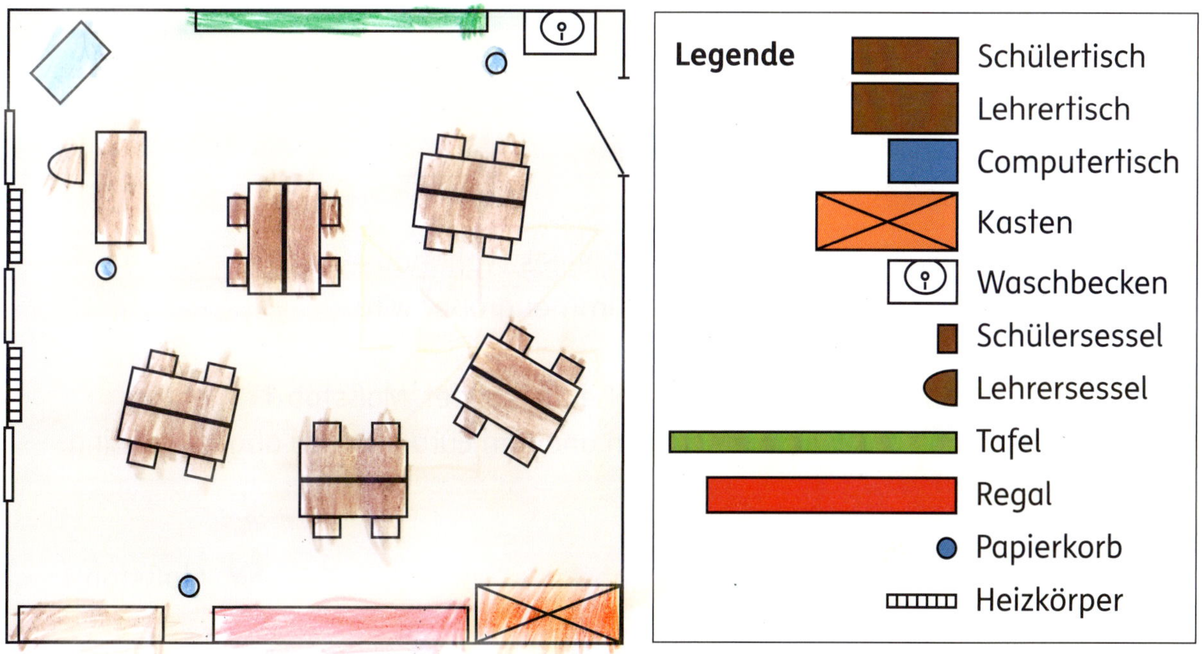

Pläne vergleichen

Dinge erscheinen kleiner, je weiter man von der **Erdoberfläche entfernt** ist. Gleichzeitig wird das **Gebiet**, das man überblicken kann, immer **größer**.

1. Von Sofies Haus und seiner Umgebung wurden Pläne mit verschiedenen Maßstäben erstellt.
Rahme den Ausschnitt, den du auf Plan A siehst, in Plan B ein.
Rahme ebenso den Ausschnitt, den du auf Plan B siehst, in Plan C ein.

A

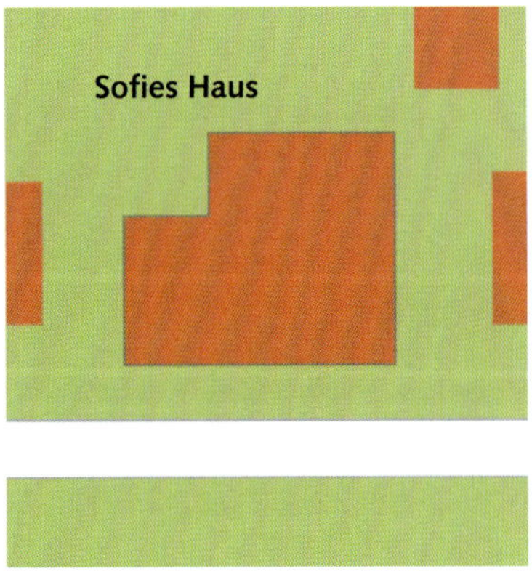

B

C

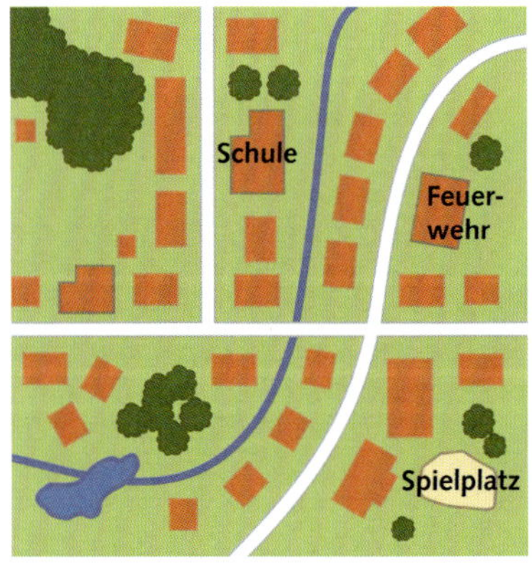

2. Erstelle eine Legende für Plan C.
Schau auf einer Landkarte nach, welche Zeichen eine Legende enthalten kann.
Auch die Seite 22 kann dir helfen.

Legende

☐ ____________________

☐ ____________________ ☐ ____________________

☐ ____________________ ☐ ____________________

3. Zeichne drei Pläne von der Umgebung deines Wohnhauses, auf denen der dargestellte Ausschnitt immer größer wird.

4. Die erste Euro-Münze ist in Originalgröße abgebildet. Maßstab 1 : 1.
Gib den Maßstab an, in dem die beiden anderen Euro-Münzen abgebildet sind.

 Maßstab 1 : ______

 Maßstab 1 : ______

LP ▶ Unterschiedliche Karten und Pläne kennen lernen und vergleichen können

Sich auf Plänen zurechtfinden

Pläne zeigen ein **verkleinertes, vereinfachtes Bild der Wirklichkeit**.
Schon in früheren Zeiten haben sich Menschen bemüht,
möglichst genaue Pläne zu zeichnen.
Pläne helfen den Menschen, sich in der Umgebung **zurechtzufinden**.
Bei den meisten Plänen zeigt der **obere Rand** nach **Norden**.

1 Beantworte folgende Fragen.

Welche Gebäude liegen nördlich des Teiches?

____

____

Welches Gebäude liegt östlich des Marktes?

____

Welche Sportart kann man südlich des Schwimmbads betreiben?

____

2 Beschrifte im Plan die Gebäude, Plätze und Gewässer von Aufgabe 1.

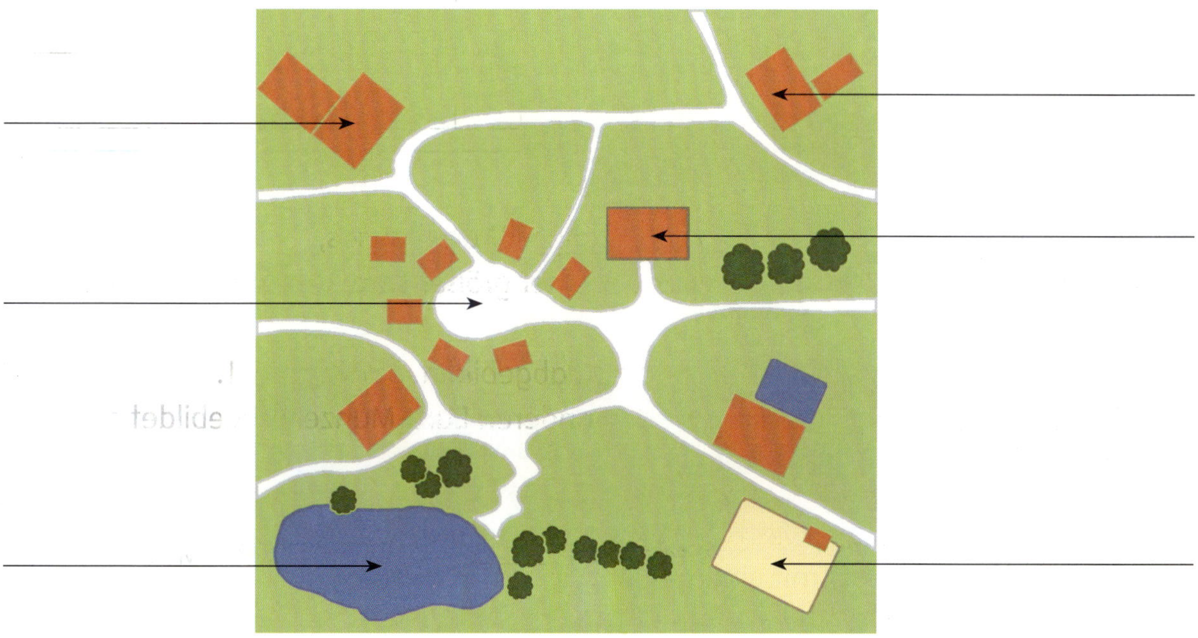

Unsere Umgebung von oben

Den **senkrechten Blick von oben** nennt man **Draufsicht**.
Die Draufsicht dient als **Vorlage** für das Erstellen von **Plänen**. Man kann aber nicht **alle Einzelheiten der Wirklichkeit** in einem Plan abbilden.
Sie wären so klein, dass man sie kaum erkennen könnte.
Zudem würde der Plan unübersichtlich werden.
Deshalb bildet ein Plan die Wirklichkeit **vereinfacht** ab.

Herr Berger geht gern ins Schwimmbad.
Er ist auch begeisterter Ballonfahrer.
So sieht Herr Berger das Schwimmbad von oben.

Die **Zeichen** und **Farben** in einem Plan werden in der so genannten **Legende** erklärt.

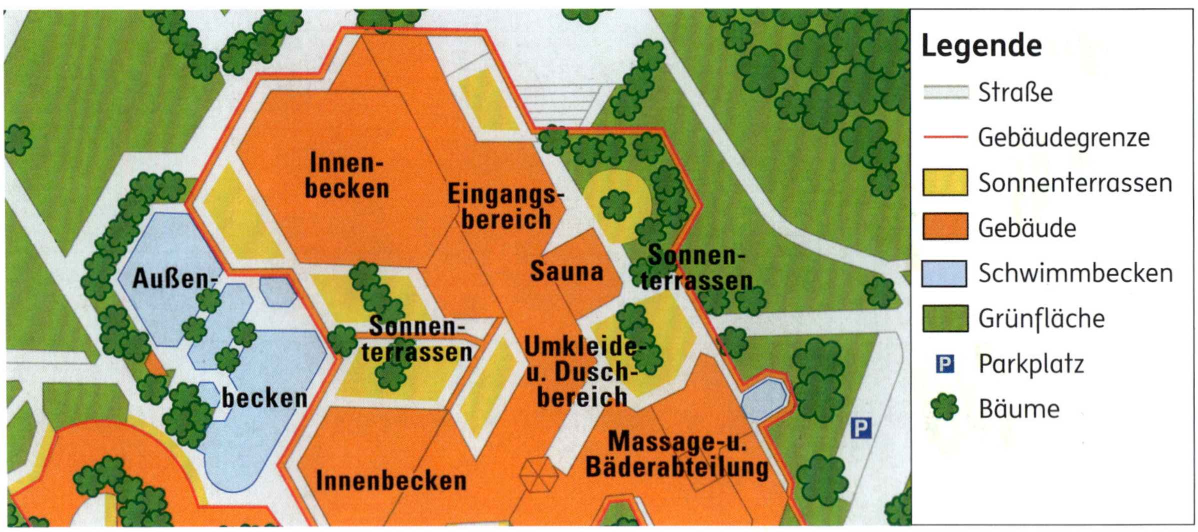

① Stelle dir vor, du fliegst mit einem Ballon.
Zeichne, wie du die Welt von oben siehst.

LP ▶ Erkennen, wie die Wirklichkeit im Plan dargestellt werden kann

Unsere Umgebung wird kleiner

Je weiter man von der **Erdoberfläche entfernt** ist, desto **kleiner** erscheinen die **Dinge**, die man sieht. Gleichzeitig wird das **Gebiet**, das man überblicken kann, immer **größer**. Auf **Plänen** sind alle **Dinge kleiner** dargestellt. Um herauszufinden, wie groß die Dinge in Wirklichkeit sind, nimmt man den **Maßstab** zu Hilfe.

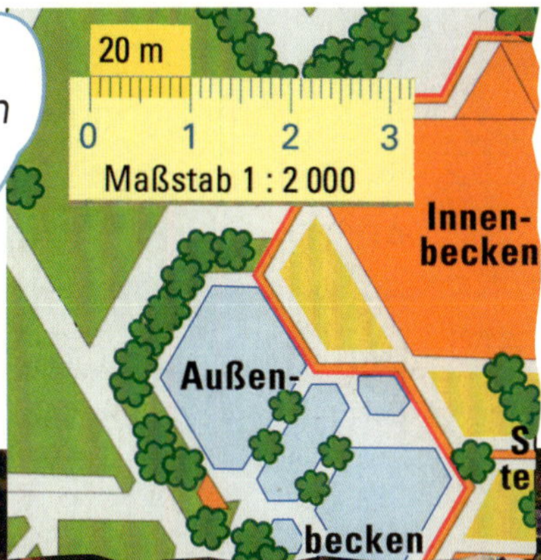

Das Bild auf der vorigen Seite ist im Maßstab 1:2 000 dargestellt. Der Maßstab gibt an, wievielmal die Wirklichkeit verkleinert wird. Ein Maßstab von 1:2 000 (man sagt: 1 zu 2 000) bedeutet, dass 1 cm auf dem Plan 2 000 cm (= 20 m) in der Wirklichkeit entspricht.

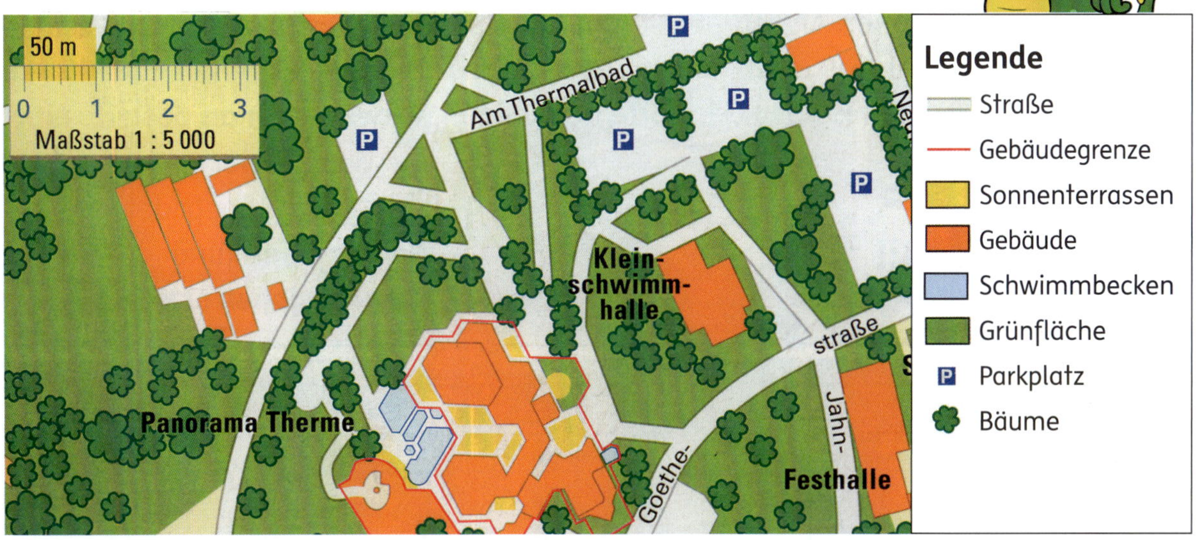

1. Vergleiche den Plan im Maßstab 1:5 000 mit dem Plan im Maßstab 1:2 000. Was fällt dir auf?

Verschiedene Karten

Karten sehen oft **unterschiedlich** aus.
Es gibt zum Beispiel **Straßenkarten, Landkarten** und **Wanderkarten.**

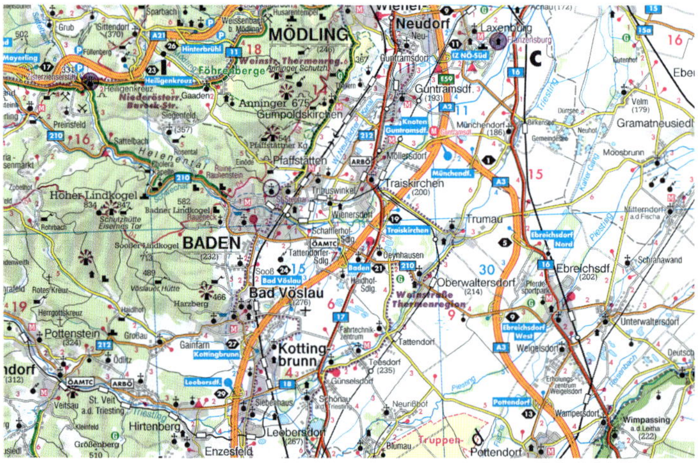

Auf **Straßenkarten** sind alle **Straßen** deutlich eingezeichnet, damit die Autofahrerinnen und Autofahrer genau sehen, wie sie ihr **Ziel** erreichen können.
Auf diesen Karten findest du auch die **Nummern der Autobahnen und Straßen** sowie die **Entfernungen** in Kilometern.

Auf einer **Landkarte** kannst du dir einen Überblick über ein Land verschaffen und **Burgen, Schlösser, Kirchen, Städte, Dörfer, Seen und Flüsse** entdecken.

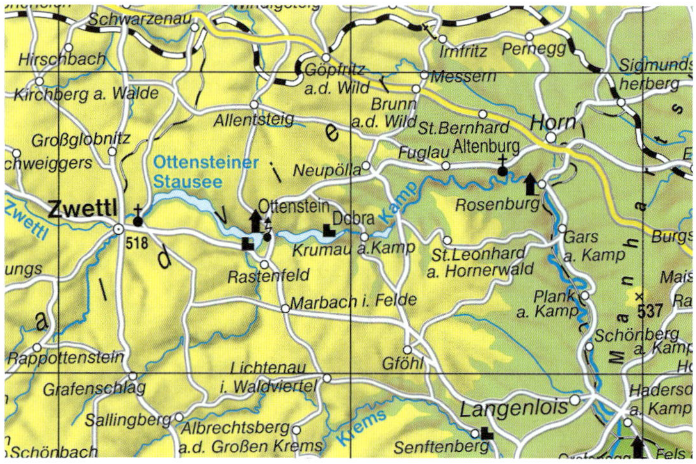

1. Welche Orte, Burgen, Schlösser, Kirchen, Seen oder Flüsse kannst du entdecken? Zähle auf.

Wer eine Wanderung machen will, sieht sich zuerst eine **Wanderkarte** an, auf der **das Wanderziel** und dessen Umgebung abgebildet sind. **Wegnummern** und **Höhenangaben** sind für Wanderinnen und Wanderer sehr wichtig.

2. Bringt verschiedene Karten mit und präsentiert sie der Klasse. Wozu werden sie verwendet, was ist darauf zu sehen ...?

LP ▶ Verschiedene Karten unterscheiden können; verschiedene Karten lesen können

Karten lesen

Um die Orientierung auf einer Karte zu erleichtern, sind **Linien mit Buchstaben und Ziffern** eingezeichnet. Das nennt man **Raster**. So entstehen **Planquadrate**, die helfen, Orte, Berge oder Straßen leichter zu finden.
Auf jeder Karte findest du auch einen Hinweis auf den **Maßstab**.

1 In welchen Planquadraten findest du diese Orte?

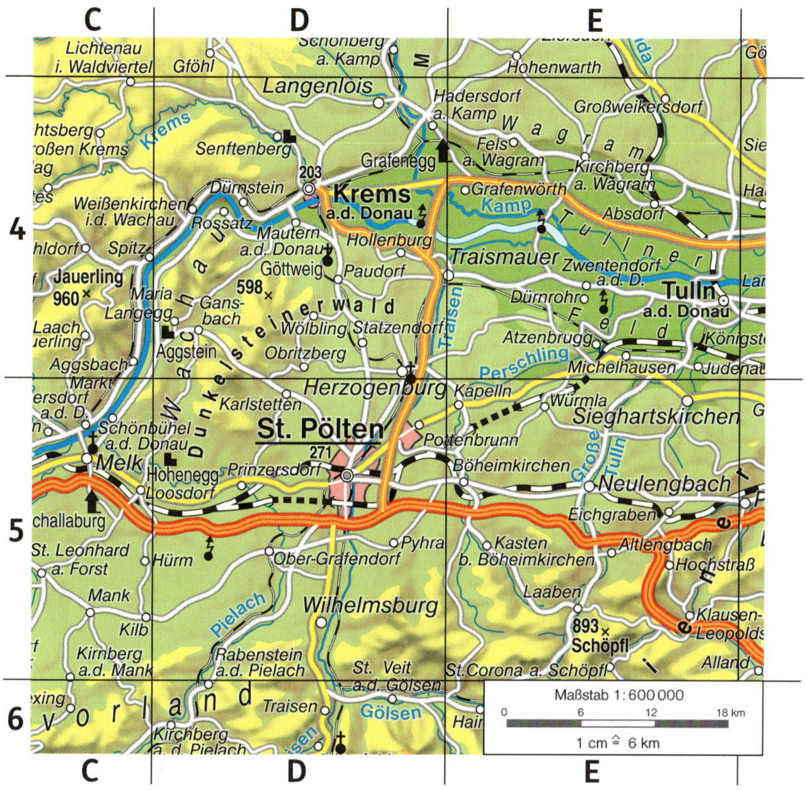

Krems	D	4
Absdorf		
St. Pölten		
Neulengbach		
Wilhelmsburg		

2 Sucht noch andere Orte und macht ein Ratespiel daraus.

3 Auf jeder Landkarte befindet sich eine Legende, in der die Kartenzeichen erklärt sind. Ordne die Zeichen den Bezeichnungen zu.
Du kannst auch auf einer Landkarte nachschauen, wenn du unsicher bist.

Kirche, Kloster, Stift | Ruine | Schloss, Burg | Flughafen
Staatsgrenze | Bundeslandgrenze | Tunnel | Kraftwerk

______________________ ______________________

______________________ ______________________ ______________________

______________________ ______________________ ______________________

Berge auf der Karte

Die **Erde** ist **nicht flach** wie eine Karte. Es gibt **Hügel, Berge, ganze Gebirgsketten.** Wie kann denn da eine Landkarte die **Wirklichkeit abbilden**?
Für dieses Problem gibt es eine **Lösung**: Vor allem auf **Wanderkarten** sind so genannte **Höhenlinien** angegeben. Sie helfen dir dabei, die **Höhe** eines Punktes zu **bestimmen**. Größere **Landkarten** benutzen für verschiedene Höhen **verschiedene Farben**, z.B. **Braun, Gelb, Grün**.

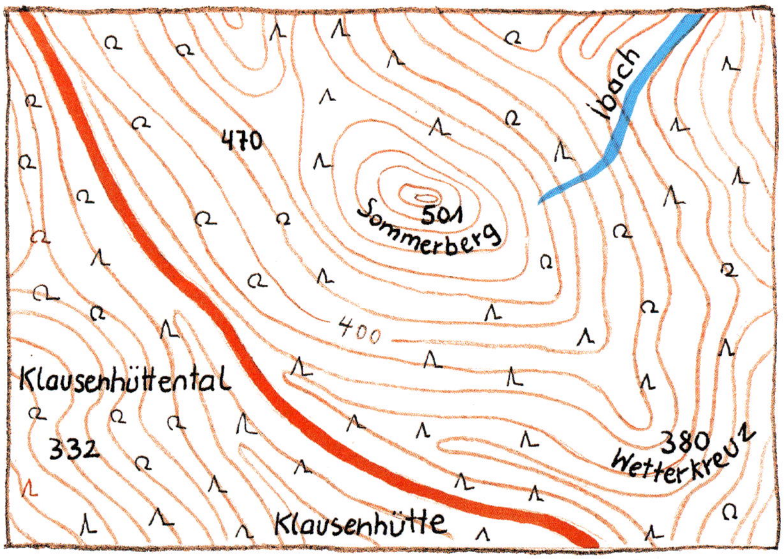

Wanderkarte

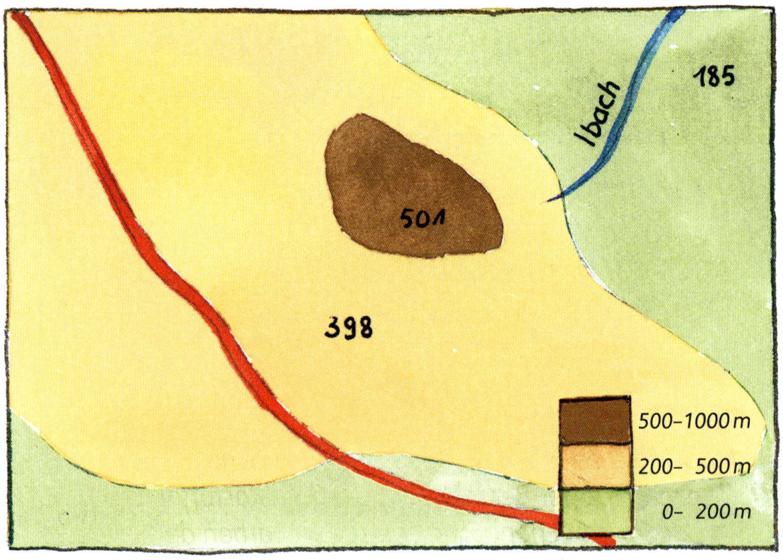

Landkarte

Die **Legende** zeigt, für welche Höhe welche Farbe gewählt wurde.

1. Wie heißt die höchste Erhebung (Hügel, Berg) auf dieser Karte? Wie hoch ist sie?

2. Wie heißt die höchste Erhebung in eurer Nähe? Wie ist sie auf der Landkarte dargestellt?

Berg-Modelle bauen

Ihr könnt mit einem **Kartoffel-Berg-Modell** ausprobieren, wie **Höhenlinien** und **Farbkennzeichnung** auf der Karte abgebildet werden.

Für ein Berg-Modell braucht ihr:
Kartoffeln
Papier
Bleistift
Schere
Messer
Wasserfarben
Pinsel
Styroporplatte
Stecknadeln

Und so wird es gemacht:

Halbiere eine große Kartoffel. Eine Hälfte soll der Berg sein.

Teile die Kartoffel in Scheiben, die 1 cm dick sind. Bohre mit einer Stecknadel zwei Löcher durch die Scheiben.

Lege die größte Scheibe auf das Blatt. Stecke zwei Stecknadeln durch die Löcher. Umfahre die Scheibe.

Umfahre auch die anderen Scheiben mit einem Stift.

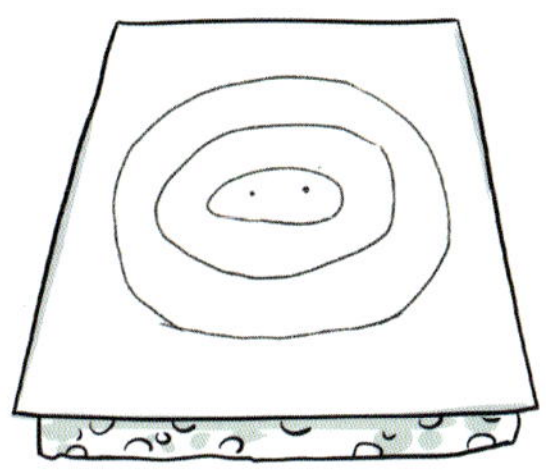

Nun siehst du die Linien, die den Berg auf der Karte abbilden.

Male die Schichten des „Kartoffel-Berges“ in den entsprechenden Farben des Berges an. Zeichne zu der Darstellung eine Legende.

Schau von oben auf die Kartoffel. Übertrage die Farben der Schichten in die Legende. Jetzt kann jeder ablesen, wie hoch dein Kartoffelberg ist.

Die Farben bedeuten:
- 2 – 3 cm
- 1 – 2 cm
- 0 – 1 cm

1 Baut eigene Berg-Modelle, zeichnet und malt an.

Berge auf der Karte darstellen

Wenn ihr eine **Wanderung plant**, könnt ihr **mit Hilfe von Karten** die **Höhenunterschiede feststellen**.

1 Beschreibe den Weg vom Bauernhof bis zur Burg.
Wie viele Höhenmeter legst du zurück? An welchen Orten kommst du vorbei?

2 Beantworte die folgenden Fragen.

Auf welcher Höhenlage befindet sich der Nadelwald? ____________

Auf welcher Höhe liegt die Burg? ____________

Wie groß ist der Höhenunterschied zwischen Bauernhof und Burg? ____________

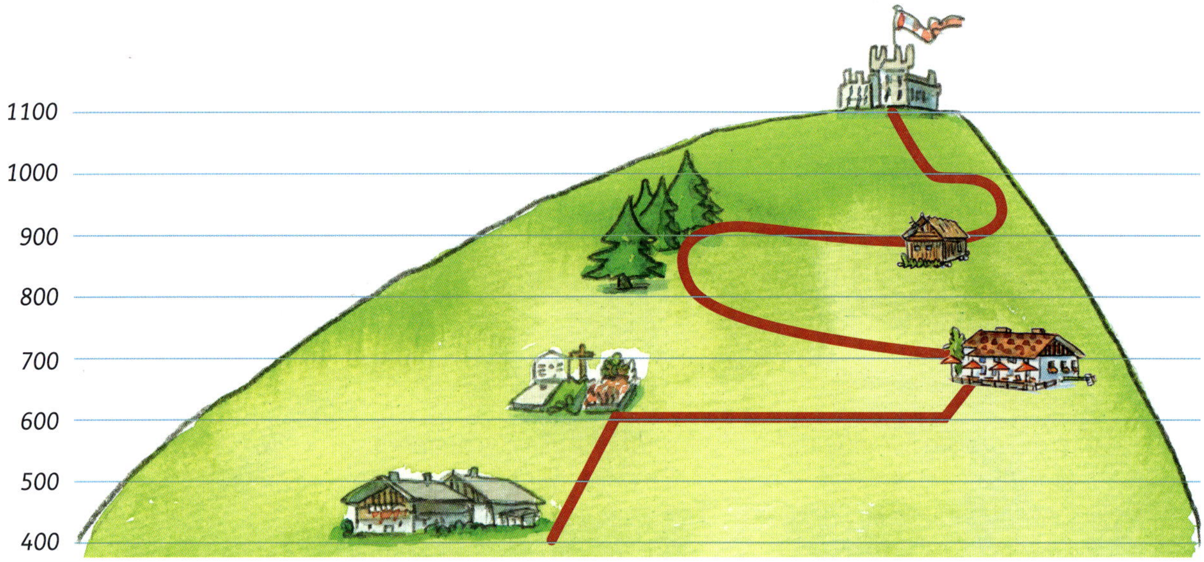

3 Male zuerst die Höhenschichten farbig an. Dann male die Legende in den entsprechenden Farben an.
Wähle selbst die Farben dafür. Auf Landkarten kannst du sehen, welche Farben häufig für Legenden verwendet werden.

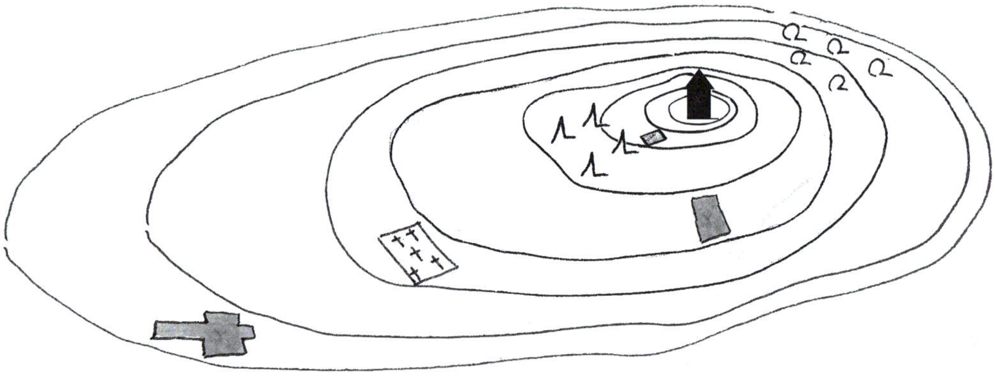

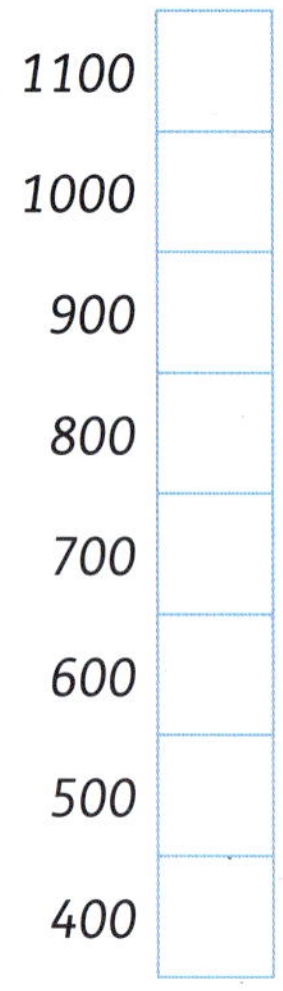

Höhenlinien

An den **Höhenlinien** auf der **Wanderkarte** können wir die **Höhe der Berge** erkennen. Höhenlinien informieren uns auch über die **Form der Berge**.

1. Male die Höhenschichten in verschiedenen Farben an.
Verwende dazu eine Land- oder Wanderkarte.
Übertrage die Farben danach in die Legende.

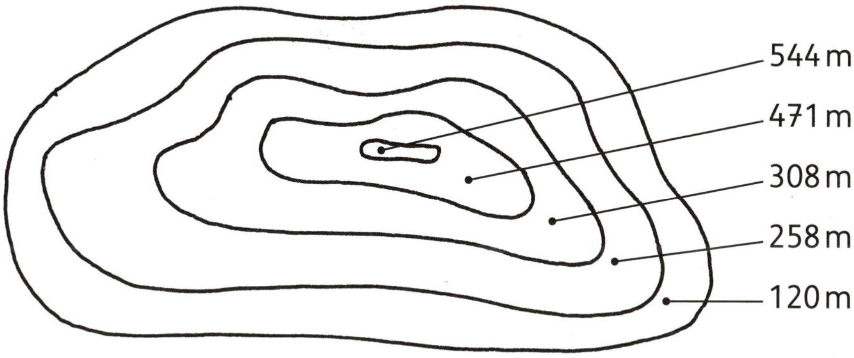

	500–600 m
	400–500 m
	300–400 m
	200–300 m
	100–200 m

2. Verbinde die Abbildungen links mit der entsprechenden Höhendarstellung.

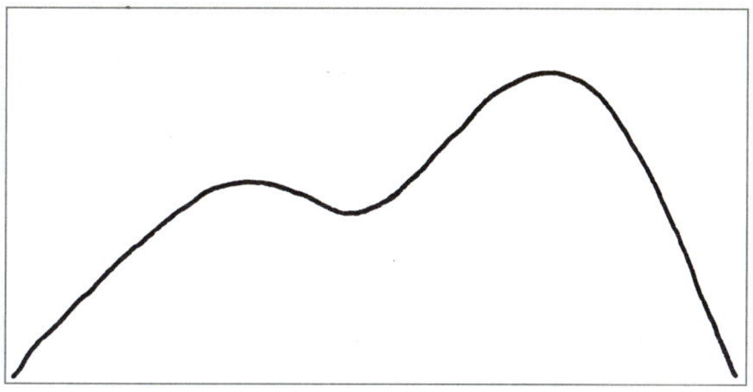
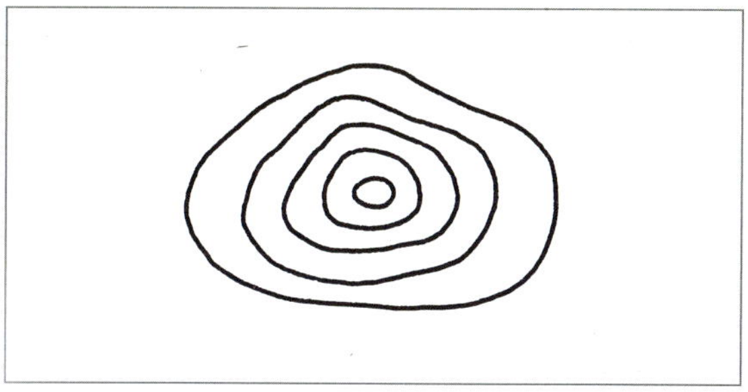
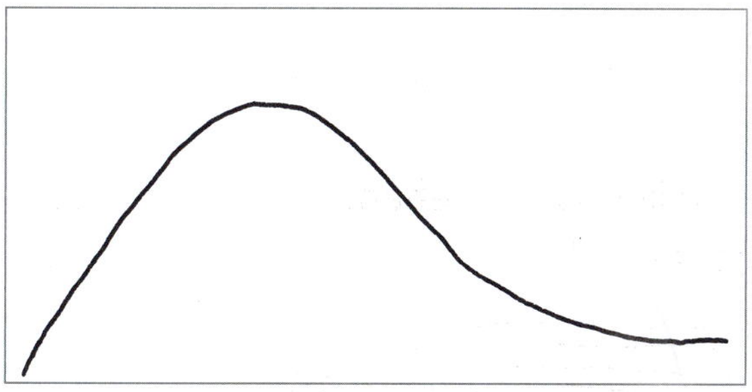
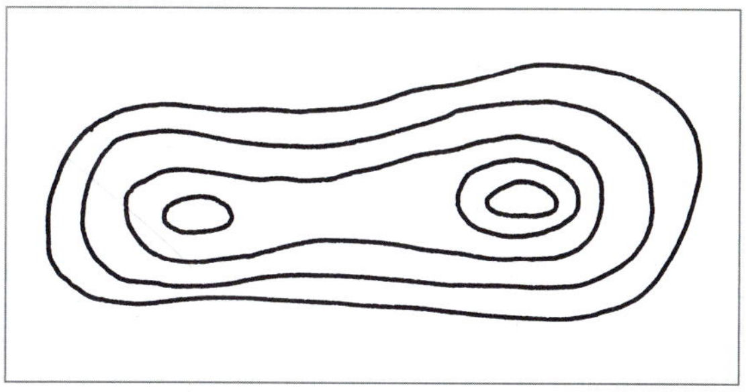
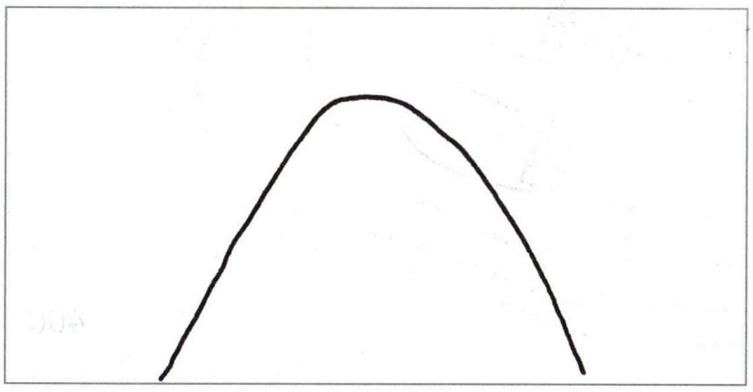
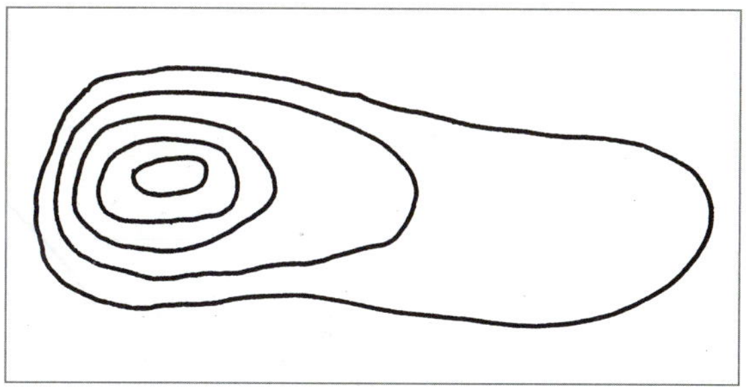

Erkundung der Umgebung

Bei einem **Spaziergang** in deiner **näheren Umgebung** erfährst du auch etwas über die **Vergangenheit**.

5

1 Mache Fotos von deiner Umgebung und befrage deine Eltern oder Großeltern. Was hat sich im Laufe der Jahre in deiner Umgebung verändert? Notiere und präsentiere die Ergebnisse in deiner Klasse.

2 Welche alten und modernen Besonderheiten (Gebäude, Plätze ...) entdeckst du in deiner Umgebung? Mache ein Zuordnungsspiel. So könnte es aussehen.

LP ▶ Zeugen der Vergangenheit in der Umgebung aufsuchen; seinen Heimatort, Wohnort erkunden

Wir erkunden unseren Ort

1 Du lebst in einem Dorf oder einer Stadt.
Dort gibt es viel zu erkunden.
Mache einen Spaziergang und schreibe auf, was du entdeckt hast.
Vergleicht in der Klasse.

Bauwerke: ______________________________

____

____

Betriebe: ______________________________

____

____

Einkaufsmöglichkeiten: ______________________________

____

____

Besonderes von früher: ______________________________

____

____

Besonderheiten in der Natur: ______________________________

____

____

Freizeiteinrichtungen: ______________________________

____

____

Sportstätten: ______________________________

____

____

Wohnen

Wie Menschen **wohnen**, kann ganz **unterschiedlich** sein. Sie leben in **Dörfern** oder **Städten** zusammen. Manche wohnen in einem **Haus**, andere in einer **Wohnung**.

Rücksichtnahme und **Toleranz** sind für ein **gutes Miteinander** und eine **friedliche Nachbarschaft** wichtig. Toleranz bedeutet, seine Mitmenschen so anzunehmen, wie sie sind, auch wenn sie andere Lebensgewohnheiten haben.

7

1 Diskutiert in Gruppen die Unterschiede, die Vorteile und die Nachteile folgender Möglichkeiten zu leben und zu wohnen.

das Leben in einem Dorf / das Leben in einer Stadt

das Wohnen in einem großen Haus / das Wohnen in einer kleinen Wohnung

Einfamilienhaus auf dem Land

Gemeindebau in der Stadt Wien

2 Überlegt, was gehört zu einem guten Nachbarschaftsverhältnis dazu? Gestaltet in Gruppen ein Plakat.

Auf der Straße oder im Stiegenhaus grüßen.

Sich gegenseitig im Alltag helfen und unterstützen.

Im Urlaub die Blumen gießen, die Katzen füttern ...

Die Telefonnummern austauschen.

LP ▶ Unterschiedliche Wohnverhältnisse kennen lernen

Ein Ort verändert sich

Im Laufe der **Zeit** kann sich ein **Ort** sehr stark **verändern.**
Alte Geschichten und **Aufzeichnungen** erzählen davon.
In den meisten Orten gibt es auch eine **Ortschronik**, in der alles aufgeschrieben wurde und noch immer aufgeschrieben wird. Solche Chroniken gibt es im **Gemeindeamt**, im **Rathaus** oder in **Bibliotheken**.

1 Ordne die Bilder den Texten zu und schreibe die richtige Jahreszahl dazu.

800	1200	2010

1 Schöndorf ist an einem Fluss entstanden. Hier gab es eine flache Stelle, eine sogenannte Furt, durch die die Händler mit ihren Wagen fahren konnten.
Einige Händler ließen sich in festen Häusern nieder und verkauften ihre Waren an dieser Stelle.

2 Im Laufe der Zeit siedelten sich immer mehr Menschen an. Eine Kirche wurde gebaut, Handwerksbetriebe, Herbergen und Gaststätten entstanden. Eine Brücke führte nun über den Fluss, sodass die Pferdekutschen und Wagen bequemer fahren konnten. Zum Schutz vor feindlichen Überfällen wurde eine Stadtmauer errichtet.

3 Der Fluss wurde im Laufe der Zeit begradigt. Viele Straßen entstanden, aus dem Dorf wurde eine Stadt.
Viele Menschen arbeiten in dem nahe gelegenen Industriegebiet oder fahren mit der Bahn zur Arbeit in die nächste Großstadt.

In so einer Chronik stehen viele interessante Geschichten!

2 Vergleiche die unterschiedlichen Bilder.
Wie hat sich der Ort verändert? Berichte.

Mein Ort verändert sich

1. Findest du in deinem Ort oder in der näheren Umgebung Gebäude oder andere Dinge (zum Beispiel Brunnen, Denkmäler), die von früher sind?

____

____

____

____

2. Hat sich in deinem Ort und in der näheren Umgebung auch schon etwas verändert, seitdem du geboren bist?

____

____

____

____

3. Weißt du, wie dein Ort entstanden ist? Du kannst Erwachsene fragen oder in einer Ortschronik nachlesen.

____

____

____

____

6

4. Bereitet eine Präsentation (Ausstellung, Portfolio, Fotoreportage) über die Entstehung und Entwicklung eures Ortes vor. Nutzt dazu folgende Begriffe.

Zeitung – Ortschronik – alte Fotos – Internet – historische Stätten – Sagen – Zeitzeugen – Museen – Legenden

LP ▶ Verständnis für historische Veränderungen gewinnen; selbstständiges Erforschen in einer Ortschronik und anderen historischen Aufzeichnungen

Früher – heute

Das **Leben** ist im Vergleich zu früher **bequemer** und **moderner**, aber auch **hektischer** geworden.
Durch **technische Fortschritte** hat der Mensch heute mehr Möglichkeiten.

1 Hier findest du Aussagen von früher (f) und heute (h).
Ordne richtig zu. Welche Aussage passt zu früher und welche zu heute?

- Die Arbeit mit dem Hobel ist anstrengend! ◯
- Die Internetverbindung ist schon wieder abgebrochen. ◯
- Ich brauche dringend ein neues Waschbrett zum Reinigen der Wäsche. ◯
- Das Kohlebügeleisen ist so schwer und verbrennt mir immer die Wäsche. ◯
- Mein Vater ist ein geschickter Handschuhmacher. ◯
- In den Ferien fliege ich ans Meer. ◯
- Ich muss mit dem Ochsen das Feld pflügen. ◯
- Ich liebe den Supermarkt. Da bekomme ich viele Dinge in einem Geschäft. ◯

2 Früher gab es keinen Supermarkt.
Es gab viele kleinere Geschäfte, die unterschiedliche Produkte verkauften.
Wie würde das Leben ohne Supermarkt aussehen?

Überlegt, welche Geschäfte es geben müsste (Fleischhauerei, Bäckerei ...).
Teilt euch in Gruppen und sucht euch jeweils ein Geschäft aus.
Welche Waren würdet ihr anbieten? Gestaltet ein Türschild oder eine Werbung für euren Betrieb.

Alte Stadt – neue Stadt

Früher war das **Leben** in einer Stadt **beschaulicher (= ruhiger)** als heute. Es gab **enge** und **holprige Straßen**, **wenig Verkehr** und **viele verschiedene kleine Geschäfte** und **Brunnen**. Reiche Menschen fuhren mit **Kutschen**, arme nahmen den **Pferdewagen** oder gingen zu Fuß.

7

1 Schaut das Bild an und sprecht darüber.
Kennzeichnet Altes in roter Farbe und Modernes in blauer Farbe.

2 Welche Unterschiede könnt ihr feststellen?
Schreibt auf und vergleicht in der Klasse.

Merkmale einer alten Stadt	Merkmale einer modernen Stadt

LP ▶ Veränderungen, Modernisierungen erkennen; Einblicke in Veränderungen der Gesellschaft gewinnen

Eine alte Schrift

Vor **ungefähr 100 Jahren** verwendeten die Menschen eine **andere Schrift**. Sie hieß **„Kurrentschrift"**. **Heute** schreibt man **Lateinbuchstaben** in Druckschrift oder Schreibschrift.

1 Kannst du diesen Text lesen und in Lateinschrift aufschreiben?
Das Alphabet der alten Schrift kann dir dabei helfen.

2 Schreibe ein Wort in Kurrentschrift.
Kann deine Sitznachbarin oder dein Sitznachbar das Wort lesen?

3 Sucht in einer Bibliothek nach Büchern mit Kurrentschrift und versucht darin zu lesen.

Schule früher – Kind sein früher

5

1 Erkundige dich bei Personen, deren Schulzeit schon lange zurückliegt. Beantworte die Fragen und berichte in der Klasse davon.

1. Gab es am ersten Schultag eine Schultüte?
2. Wie sah der Stundenplan aus?
3. Welche Fächer gab es?
4. Welche Strafen gab es?
5. Wie viele Hausaufgaben gab es?
6. Welche Schreibmaterialien und Bücher gab es?
7. Wie waren die Kinder und Lehrer oder Lehrerinnen angezogen?
8. Erinnerst du dich an ein besonderes Ereignis aus der Schulzeit?

2 Bringt alte Fotos oder Schulsachen mit und gestaltet damit eine Ausstellung.

LP ▶ Unterschiede von Schulregeln und Schulalltag früherer Zeiten mit denen in der heutigen Zeit vergleichen können

Was die Zukunft bringt

Auch **Menschen verändern sich**. Sie werden **älter**, machen viele **Erfahrungen** und haben verschiedenste **Erlebnisse**. Was die **Zukunft** bringt, weiß niemand.

1 Zeichne dich in der jeweiligen Zeit.

Baby *heute* *in 10 Jahren* *mit 70 Jahren*

2 Schaut euch Fotoalben an und vergleicht euer Aussehen auf Babyfotos und auf aktuellen Fotos.

3 Trage wichtige Ereignisse deines Lebens ein.

4 Welche Zukunftsträume hast du? Fülle aus.

Wenn ich erwachsen bin …

LP ▶ Eigene Veränderungen und Entwicklungen erkennen; Zukünftiges strukturieren und einteilen lernen

Entdeckungen, Erfindungen und Ereignisse

In der heutigen Zeit sind viele Dinge selbstverständlich. Das war aber nicht immer so. Erst im Lauf der Jahre wurden viele **Erfindungen** und **Entdeckungen** gemacht. Noch immer werden neue Maschinen entwickelt. Nicht alles auf unserer Erde ist schon **erforscht**. Immer noch birgt sie **viele Geheimnisse**. **Wissenschaftlerinnen** und **Wissenschaftler** versuchen, die offenen Fragen zu beantworten.

1 Verbinde die Texte mit den richtigen Bildern.

1879	Die elektrische Glühlampe wird von Thomas Alva Edison erfunden.
1886	Das erste Automobil mit einem Benzinmotor fährt vor.
1928	Der Fernseher wird erfunden.
1969	Neil Amstrong betritt als erster Mensch den Mond.
1977	Die ersten Computer für zu Hause kommen auf den Markt.
1990	Erfindung des World Wide Web
2006	Die fernsehgebundene Videospielkonsole mit Bewegungssensoren kommt auf den Markt.
2016	In Dubai (größte Stadt der Vereinigten Arabischen Emirate) entsteht das erste Haus aus dem 3-D-Drucker.

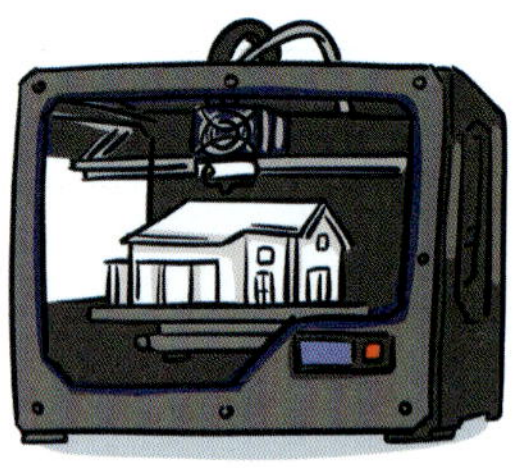

2 Hängt einen großen Zeitstreifen mit den Ereignissen aus Aufgabe 1 in der Klasse auf.

3 Informiert euch über weitere nützliche oder interessante Erfindungen, wie zum Beispiel Handys, e-books, Drohnen, und fügt sie in den Zeitstreifen ein. Sucht Informationen im Internet.

LP ▶ Entdeckungen, Erfindungen und Ereignise zeitlich einordnen können; einen Zeitstreifen anlegen können

Medien umgeben uns

Medien sind Mittel zur **Kommunikation** und helfen uns, **Nachrichten** weiter-zugeben. So können wir etwas über **Ereignisse aus der ganzen Welt** erfahren. Außerdem brauchen wir Medien, um **Kontakt** miteinander aufzunehmen.

Radio, Fernsehen und **Zeitung** sind wichtige Medien unserer Zeit. Auch das **Internet** ist heutzutage nicht mehr wegzudenken.

1 Welche Medien siehst du auf den Bildern?
Kennst du noch andere Medien? Schreibe auf und vergleicht in der Klasse.

____

____

____

2 Macht einen Lehrausgang zu einem Zeitungs- oder Buchverlag, zu einer Fernsehanstalt oder zu einem Radiosender.
Befragt dort die Expertinnen und Experten über ihre Arbeit.

3 Jede Gruppe wählt ein anderes Medium und gestaltet eine Collage.
In einem Referat können die Ergebnisse präsentiert werden.

LP ▶ Medien als solche erkennen, damit umgehen und darüber berichten können

Ein Medienquiz

In der heutigen Zeit ist es wichtig, sich zu **Fragen** oder zu einem bestimmten **Thema** rasch **Informationen** besorgen zu können. Je besser du dich mit Medien auskennst, desto leichter wirst du Antworten oder Informationen finden.

1 Kennst du diese Medien? Trage folgende Begriffe in Großbuchstaben in das Rätsel ein.

Lexikon • Computer • Fernsehen
Suchmaschine • Internetadresse • Links

1. Die ... ist eine Internetadresse, mit der du Informationen suchen kannst.
2. Das ... ist ein Buch, in dem du etwas, was du wissen willst, nachschlagen kannst.
3. Die ... musst du angeben, um auf eine bestimmte Seite im Internet zu kommen.
4. ... sind Textstellen/Bilder, die du anklicken kannst, um auf andere Internetseiten zu kommen.
5. Mit dem ... kannst du schreiben, malen, lernen und spielen.
6. Das ... bringt Sendungen mit Bildern und Tönen zu festgelegten Zeiten.

									▼								
					1										I		
								2					K				
3									A								
								4					S				
			5				P										
						6									N		

Das Lösungswort heißt: ______________________

2 Hier sind → ↓ acht Wörter zum Thema Medien versteckt. Kreise ein.

B	O	L	N	C	B	D	O	Z	K	L	E	T
R	K	A	H	O	M	E	P	A	G	E	M	S
I	L	Z	A	M	A	R	L	S	O	X	T	E
E	B	V	E	P	S	P	A	N	G	I	B	M
F	Z	R	P	U	F	U	D	S	Z	K	E	A
N	L	S	Q	T	N	Z	P	M	T	O	K	I
A	I	O	U	E	B	O	V	P	O	N	Z	L
H	N	V	L	R	J	G	W	E	M	S	L	T
F	K	O	L	A	E	M	Z	B	O	L	T	S
C	S	U	C	H	M	A	S	C	H	I	N	E
W	I	E	F	E	R	N	S	E	H	E	N	O

LP ▶ Verschiedene Medien kennen und damit umgehen können

Ein Thema – viele Medien

Bevor du zu einem **Thema** recherchierst, solltest du überlegen, wie und wo du zu **Informationen** gelangen kannst.

1 Wo kannst du Informationen zu einem Thema finden? Schreibe auf.

Internet ______ ______ ______

Buch ______ ______ ______

______ ______ ______

6

2
1. Bildet Gruppen und sucht euch ein Thema aus, das euch interessiert (zum Beispiel Früchte, Bäume, Tiere, Pflanzen ...).
2. Sammelt dazu Informationen aus möglichst vielen verschiedenen Medien.
3. Gestaltet ein Portfolio mit einem ansprechenden Titelblatt.
4. Stellt eure Ergebnisse den anderen Kindern vor.

Das Beispiel hilft euch dabei:

Computer & Co

Heutzutage wird der **Computer** schon fast überall eingesetzt. Deshalb ist es wichtig, sich damit gut auszukennen. Viele Menschen nutzen ein **Tablet** oder **Smartphone**. Diese Geräte kann man auch **unterwegs** verwenden.

1 Lies und beschrifte.

der Computer / der Laptop | die CD / die DVD / der USB-Stick / die SD-Karte | das Tablet | das Smartphone

1 ______________________
Das ist ein kleiner, schmaler Computer, meist ohne Tastatur. In einer Schutzhülle kannst du es überall hin mitnehmen.

3 ______________________
Mit diesem Gerät kannst du telefonieren, fotografieren, filmen, Nachrichten oder SMS verschicken.

2 ______________________

____

Darauf sind Musik, Text, Filme, Bilder und andere Informationen gespeichert.

4 ______________________
Mit Hilfe dieses Geräts kannst du schreiben, malen, lesen, Informationen sammeln und rechnen. Deine Ergebnisse kannst du speichern und später daran weiterarbeiten. Du kannst auch Nachrichten per E-Mail verschicken.

2 Welche digitalen Medien habt ihr in der Klasse oder zu Hause? Schreibe auf.

____

Wozu nutzt ihr sie? Nenne einige Beispiele.

____

3 Forsche über die Geschichte des Smartphones nach.
Vergleicht und besprecht eure Ergebnisse in der Klasse.

LP ▶ Verschiedene Medien kennen lernen; Überbegriffe zuordnen können

Computer & Co

Im **Internet** kannst du dich schnell und ausführlich über **viele verschiedene Themen** informieren. Denk aber daran, dass nicht alle Informationen stimmen müssen, die du findest. Es gibt **Suchmaschinen** und **Webseiten** speziell für Kinder. Manche Internetseiten sind **nicht für Kinder geeignet**. Frage deine **Eltern** um **Rat**, wenn du unsicher bist.

1 Beschrifte und probiere aus.

Homepage	Internet-Adresse	E-Mail	Links

Das ist eine Internet-Seite, die von einer Computerbenutzerin oder von einem Computerbenutzer mit eigenen Texten und Bildern gestaltet wurde. Du kannst sie dir über das Internet ansehen, z. B. die Internetseite deiner Schule.

Das ist die Adresse, die du angeben musst, um auf eine bestimmte Seite zu kommen. Sie beginnt immer mit http://www.
Unsere Schuladresse:

____

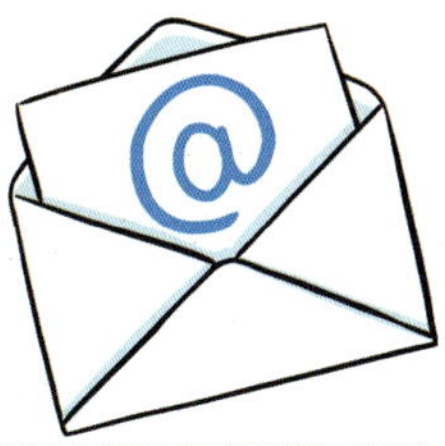

Über das Internet kannst du jemandem eine Nachricht schreiben und schicken. Eine E-Mail-Adresse erkennst du an dem Zeichen @, das sich zwischen Buchstaben und Zahlen befindet.
Hast du eine E-Mail-Adresse?

____

Das sind Textstellen oder Bilder, die man anklicken kann, um auf andere Internetseiten zu kommen. Wenn man einen Link berührt, wird aus dem Mauspfeil plötzlich eine kleine Hand.

3

2 Informiere dich über folgende Begriffe und berichte in deiner Klasse davon.

Webmaster	sicheres Internet	Cyberkriminalität

Ein Buch entsteht

Auch **Bücher** sind **Medien**. In der **Bücherei** oder **Bibliothek** kannst du zu verschiedenen Themen Bücher ausleihen. Es gibt auch **Tauschbörsen**, bei denen du eigene Bücher, die du nicht mehr brauchst, gegen andere eintauschen kannst.

1 Weißt du, wie ein Buch entsteht?
Viele Menschen arbeiten zusammen, bis ein Buch fertig ist.
Beschrifte und nummeriere die Bilder.

1 die Autorin/der Autor • **2** die Lektorin/der Lektor
3 die Herstellerin/der Hersteller • **4** die Illustratorin/der Illustrator
5 die Druckerin/der Drucker • **6** die Buchbinderin/der Buchbinder

____

____

die Autorin

____

____

____

2 Was ist der Unterschied zwischen einem gedruckten Buch und einem e-book?
Diskutiert in der Klasse über die Vor- und Nachteile. Schreibe auf.

gedrucktes Buch	e-book
Vorteile ____________	Vorteile ____________
Nachteile ____________	Nachteile ____________

LP ▸ Die einzelnen Schritte der Entstehung eines Buches kennen

Mein Lieblingsbuch

7

1 Stelle dein Lieblingsbuch vor. Halte ein Referat vor deiner Klasse.

Mein Lieblingsbuch heißt:

____

Es ist geschrieben von:

____

Die Hauptfiguren heißen:

____

____

Darum geht es in dem Buch:

____

____

____

____

____

____

Mir gefällt das Buch so gut, weil

____

____

____

Werbung ist überall

Wer etwas **verkaufen** will, muss dafür **werben**. **Werbung** begegnet uns **überall**. **Nicht alles**, was du in der Werbung siehst oder hörst, ist auch wirklich **richtig**. Lass dich beim Einkaufen also **nicht** zu sehr **von der Werbung beeinflussen**! Es gibt viele verschiedene **Medien** für Werbung. Denke an **Fernsehen, Radio, Zeitung, Plakate, Flugblätter (Flyer), Internet** ...

1. Suche die Werbung auf dem Bild. Kreise ein.

2. Wofür wird auf dem Bild geworben? Trage ein.

Bücher, ______________________________

____

____

3. Schaue dich in deiner Umgebung um und lege eine Liste an, wie und wofür geworben wird.

Zum Beispiel so:

Wie?	Wofür?
Fernsehwerbung	Müsliriegel
Flugblatt	Turnschuhe
...	...

Werbung für ein eigenes Produkt

Kinder wollen **Werbung** für einen Fitmacherdrink **machen**.
Sie überlegen, welche Möglichkeiten es gibt.

1. Überlegt, wie man den Fitmacherdrink am besten anpreisen könnte. Werbung bedient sich verschiedener Mittel, um auf sich aufmerksam zu machen:
   - Musik, die ins Ohr geht
   - einfache oder eindrucksvolle Wörter, die man sich gut merken kann
   - gut klingende Reime
   - Farben

2. Gestaltet ein Werbeplakat, denkt euch einen Slogan aus und übt den Werbespot ein. Führt ihn den anderen Kindern vor.

3. Gebt den Schauspielerinnen und Schauspielern nach der Vorführung Feedback.

4. Entwirf hier eine Zeichnung von deinem Fitmacherdrink.

LP ▶ Einen eigenen Werbespot entwerfen und mit Hilfe verschiedener Medien anpreisen können

Fit mach mit

Damit unser Körper **gesund** bleibt, braucht er **Bewegung**.
Wenn wir uns bewegen, geht unser **Atem schneller**. Wir atmen mehr **Luft** und damit mehr **Sauerstoff** ein.
Sauerstoff ist wichtig für die **Verarbeitung** der **Nährstoffe** im Körper.
Die **Nährstoffe** liefern **neue Energie zum Lernen**.

1. In welchen Situationen bewegst du dich in der Schule?
Schreibe einige Beispiele auf.

____

____

____

____

2. Zu langes Sitzen in der Schule macht träge und müde.
Hier sind Tipps für Bewegungsspiele:

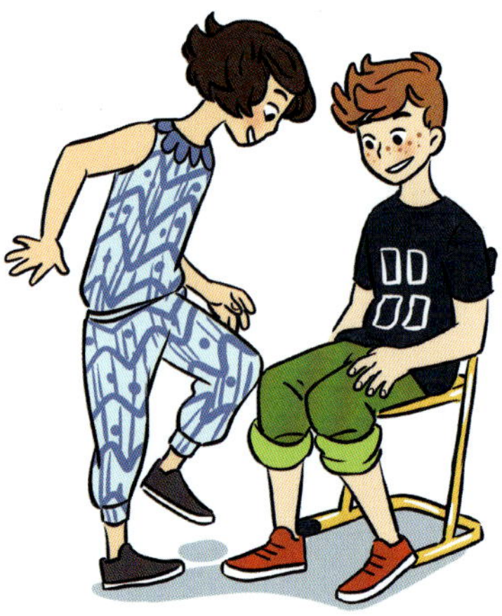

Mein Knie grüßt dein Knie
Kind A „grüßt“ mit seinem Knie das Knie von Kind B.
Kind B „grüßt“ mit einem anderen Körperteil den gleichen Körperteil von Kind C.
Kind C ...

Gerade, krumm
Die Kinder sagen: „Gerade, krumm, gerade, krumm“ und strecken oder entspannen sich dabei.
Weiter geht es mit einer Bewegung, z. B. „laufen, laufen, laufen, laufen, krumm.“

3. Kennst du noch ähnliche Übungen?
Zeige sie den anderen vor.

LP ▶ Die Wichtigkeit der Bewegung für die körperliche, geistige und seelische Gesundheit erkennen und Übungen für den Alltag erlernen

Gesunde Ernährung

Neben ausreichend **Bewegung** ist auch eine **gesunde Ernährung** wichtig.
Dein **Körper** braucht zum Laufen, Spielen und Lernen **Kraft und Energie**.
Diese Energie bekommst du aus **Nahrungsmitteln**.
Damit unser Körper richtig funktioniert, müssen wir regelmäßig **essen** und **trinken**.
Zu einer gesunden Ernährung gehören genügend **Flüssigkeit** (etwa 2 Liter am Tag) und die richtige Mischung aus **gesunden Nahrungsmitteln**.

1 Verbinde die Erklärungen mit den passenden Stockwerken der Ernährungspyramide.

Zucker: Zucker und Süßigkeiten geben kurz Energie. Große Mengen davon sind sehr ungesund.

Fette: Butter oder Öle geben deinem Körper Energie.

Eiweiß: Milchprodukte, Eier, Fleisch, Fisch und Hülsenfrüchte geben deinem Körper Kraft zum Wachsen.

Kohlenhydrate: Getreideprodukte, Erdäpfel oder Reis liefern wichtige Energie.

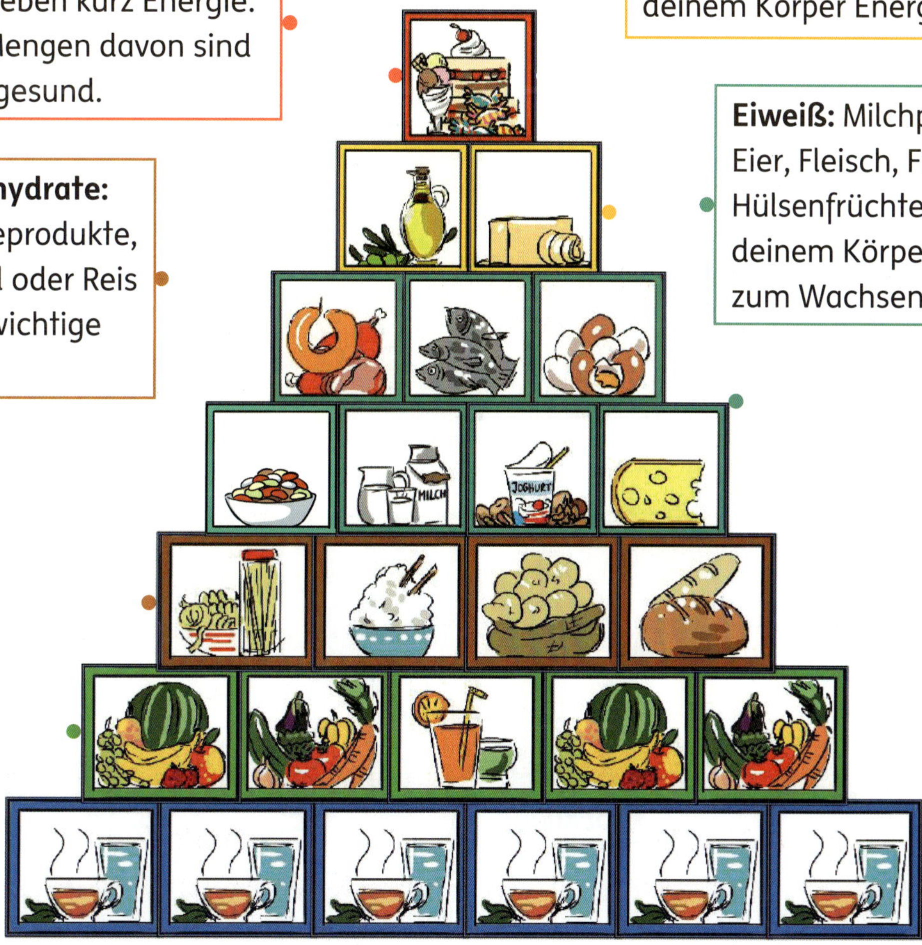

Vitamine und Mineralstoffe: Obst und Gemüse halten deinen Körper gesund und stark.

Flüssigkeit: Etwa 2 Liter Wasser oder ungesüßten Tee sollen wir am Tag trinken.

2 Findet gemeinsam heraus, warum die Nahrungsmittel in Form einer Pyramide dargestellt sind.

Der Weg der Nahrung

Auf dem Weg durch den Körper wird die **Nahrung verdaut**. Das bedeutet, dass sie in immer **kleinere Stücke aufgeteilt** wird, damit der Körper sie aufnehmen kann.
Die **Verdauung** beginnt schon im **Mund**. Der Nahrung werden dann die **Stoffe entzogen**, die der **Körper braucht**.

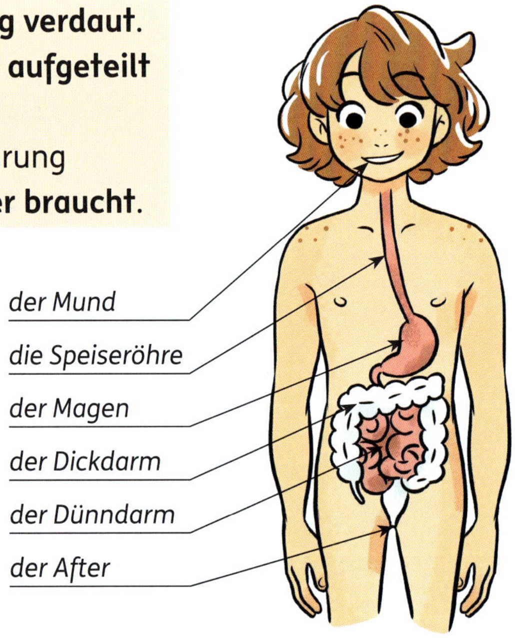

Filmtipp:
Albert Barillé „Es war einmal ... Das Leben“
Folge 17: Die Verdauung

1 Iss ein Stück Brot und überlege, welchen Weg es geht.

2 Spielt nach, wie die Nahrung durch den Körper transportiert wird. Ein Kind spielt die Nahrung.

Bewegungen beim Nahrungsspiel:
1. Station Mund: den Rücken des Kindes mit den Handkanten leicht klopfen, mit der Handfläche reiben
2. Station Speiseröhre: sanft weiterschieben
3. Station Magen: den Rücken leicht kneten
4. Station Dünndarm: leichte Zupfmassage auf dem Rücken
5. Station Dickdarm: den Rücken mit der Handfläche streichen und das Kind aus dem Kreis schieben

LP ▶ Den Weg der Nahrung beschreiben können; die Bedeutung gesunder Ernährung kennen

Mein Ernährungstagebuch

Gesunde Ernährung ist für unseren Körper wichtig.
Mit einem **gesunden Frühstück zu Hause** oder in der **Schule** hilfst du auch deinem **Gehirn**, gut **denken** und sich **konzentrieren** zu können.

1 Vergleicht das Schulfrühstück miteinander. Was stellt ihr fest?
Wie sieht deine Jause aus? Ist sie gesund?

2 Schreibe einen Tag lang auf, was du isst und trinkst. Hast du dich gesund ernährt?
Vergleiche mit der Ernährungspyramide im Buch und vergleicht untereinander.

Tageszeit	Essen	Trinken
morgens		
vormittags		
mittags		
nachmittags		
abends		

Unsere Sinne

Mit unseren **Sinnesorganen Auge, Ohr, Nase, Haut, Zunge** können wir unsere **Umwelt erfassen**.
Bei manchen Menschen funktioniert ein **Sinnesorgan** nicht.
Dafür sind bei ihnen **andere Sinne besser ausgebildet**.
Blinde Menschen haben zum Beispiel einen **sehr guten Gehörsinn und Tastsinn**.

1 Verbinde die Sinnesorgane mit ihrer Funktion.

das Auge	der Geschmackssinn
das Ohr	der Geruchssinn
die Nase	der Tastsinn
die Haut	der Sehsinn
die Zunge	der Gehörsinn

2 Welche Sinne brauchst du, um diese Tätigkeiten ausführen zu können? Schreibe auf.

3 Bildet Gruppen. Einigt euch auf einen Sinn und überlegt, bei welchen Tätigkeiten dieser zum Einsatz kommt.

4 Verbindet eure Augen und versucht, ein Glas mit Wasser zu füllen. Woher weißt du, wann das Glas voll ist?

5 Füttert einander mit verbundenen Augen.

LP ▶ Die Bedeutung und Aufgaben der Sinne kennen

Erste Hilfe

Kinder haben manchmal **kleine Verletzungen**, die sofort behandelt werden müssen. Mit den richtigen **Erste-Hilfe-Maßnahmen** kann schnell geholfen werden. Aber **Achtung**: An **offenen Wunden** können **Entzündungen** entstehen. Deshalb ist Sauberkeit Pflicht, damit keine **Bakterien** in die **Wunde** kommen. **Bakterienfreie Verbände** nennt man **sterile Verbände**. Die Stellen von Verbänden oder Pflastern, die auf offene Wunden gelegt werden, darf man **nie** mit den **Fingern** berühren.

Hier sind einige Beispiele dafür, wie man sich oder anderen helfen kann:

Leichte Verbrennungen
Die verletzte Stelle sollte sofort unter fließendes kaltes Wasser gehalten werden.

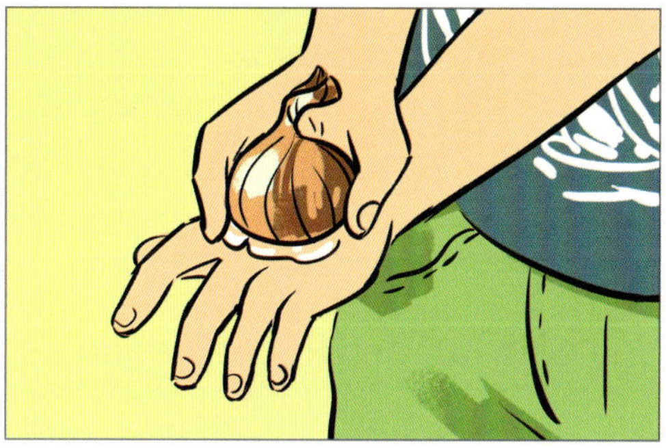

Insektenstich
Reibe die Einstichstelle mit Zwiebel ein und kühle sie, um die Schwellung zu verringern und den Schmerz zu lindern.

Bleibe bei der verletzten Person und beobachte, ob es ihr gut geht.
Wenn du unsicher bist, hole Erwachsene zu Hilfe.

1 Verbände anlegen will gelernt sein.
Übt das richtige Anlegen von Pflastern und sterilen Verbänden in eurer Klasse.

Erste Hilfe – so kann ich helfen

Bei **kleineren Verletzungen** kannst auch du **helfen**. Wenn du aber **nicht sicher** bist, wie du helfen kannst, hole einen **Erwachsenen** oder rufe die **Rettung**.

1. Notiere die Notrufnummer der Rettung. Mit ________ kommt die Rettung herbei!

2. Was rätst du einem Kind, das Nasenbluten hat? Kreuze an.

◯ Kopf nach vorne beugen
◯ Sich schnäuzen
◯ Kalte Umschläge auf den Nacken legen
◯ Nasenloch zudrücken
◯ Sich auf den Rücken legen

3. Schaut euch gemeinsam den Erste-Hilfe-Kasten der Schule an und überlegt, wie und wozu man seinen Inhalt verwendet.

4. Kreuze an, welche Dinge sich in eurem Erste-Hilfe-Kasten befinden. Falls du noch mehr entdeckst, kannst du die Liste ergänzen.

◯ Verbandpäckchen
◯ Kompressen
◯ Einmalhandschuhe
◯ Dreiecktuch
◯ Rettungsdecke
◯ Verbandschere
◯ Wundverband
◯ Pflaster
◯ Pinzette
◯ Fixierbinden
◯ ____________________
◯ ____________________

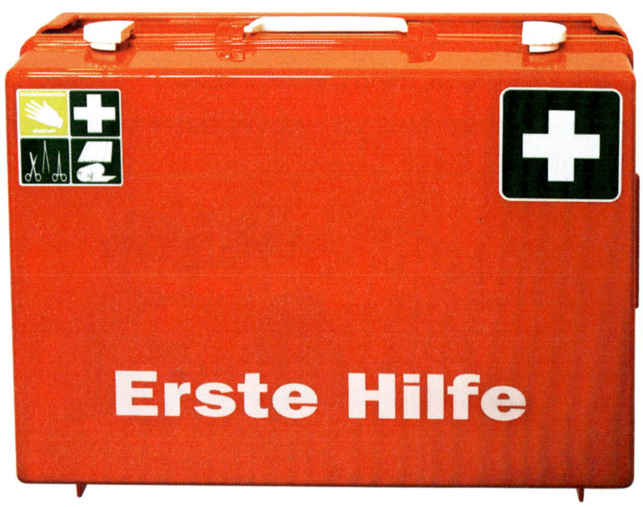

LP ▶ Erste-Hilfe leisten können;
Inhalte des Erste-Hilfe-Kastens richtig verwenden können

Alt und Jung

In deiner näheren Umgebung leben nicht nur **Kinder, junge Männer** und **junge Frauen**. Auch **ältere Menschen** gehören zur **Gemeinschaft**. Damit das **Zusammenleben** funktioniert, müssen alle aufeinander **Rücksicht** nehmen.

1. Beschreibe die Bilder.
Hast du auch schon solche Situationen erlebt?

2. Wer kümmert sich um ältere Menschen, wenn sie Hilfe brauchen?
Und wer kümmert sich um dich? Diskutiert in der Klasse.

3. Schreibe die unterschiedlichen Bedürfnisse von jungen und alten Menschen auf.

Junge Menschen	Alte Menschen

Die Aufgaben der Gemeinde

Damit das **Zusammenleben** in einem Dorf oder in einer Stadt **gut funktioniert**, übernimmt die Gemeinde oder der Magistrat verschiedene Aufgaben.
Sie kümmern sich zum Beispiel um die Versorgung der Haushalte mit **Trinkwasser**, organisieren die **Entsorgung des Mülls** und der **Abwässer**, erneuern die **Straßen**, sorgen für den Bau von **Kindergärten, Schulen** und **Wohnungen**. Dafür müssen die Einwohnerinnen und Einwohner **Steuern** und **Abgaben (Gebühren)** bezahlen.

1. Schreibe unter die Bilder, welche Aufgaben die Gemeinde hat.
Suche eine weitere Aufgabe und zeichne sie ein.

Müllentsorgung | Straßenerhaltung | Trinkwasserversorgung | Wohnen | Freizeitangebote | Kindergarten und Schule | Friedhofsverwaltung

2. Besprecht, was es in eurer Gemeinde außerdem noch gibt.
Zum Beispiel: Feuerwehr, Arztpraxis, Gasthaus ...
Ihr könnt auf der Homepage der Gemeinde nach Informationen suchen.

LP ▶ Aufgaben der Gemeinde und die Notwendigkeit von Steuern erkennen

Entdeckungen auf der Wiese

Die Wiese bietet viele interessante **Entdeckungen**. Informationen über den Lebensraum Wiese findest du in der Natur selbst oder in Sachbüchern und Bestimmungsbüchern.

Richtiges Verhalten auf der Wiese:
Zertritt keine Blumen!
Verscheuche keine Tiere!
Lärme nicht!
Wirf keinen Müll auf die Wiese!
Pflücke nicht zu viele Blumen! Sie sind Nahrung für Insekten.

Hast du noch weitere Ideen zum Verhalten auf der Wiese?

1 Informiere dich über den Lebensraum Wiese.
Hier findest du einige Anregungen dazu.

Schautisch

Herbarium

Ein Herbarium ist ein Lexikon mit gepressten Pflanzen und Informationen dazu.

Steckbrief

Wiesenbüchlein

3 Sammelt noch weitere Ideen und präsentiert eure Ergebnisse.

Lebensraum Wiese – Pflanzen

Die Wiese ist **Lebensraum** für **viele Pflanzen**.
Achte darauf, ihn nicht zu zerstören, er ist für eine gesunde Umwelt wichtig.

1 Beschrifte.

der Rotklee

der Spitzwegerich

das Hirtentäschel

die Zaunwicke

das Knäuelgras

2 Plant einen Lehrausgang auf eine Wiese.
Nehmt Lupen mit und vergleicht verschiedene Pflanzen.

Wie ein Herbarium aussieht, erkläre ich dir auf Seite 59!

3 Stellt mit getrockneten und gepressten Pflanzen ein Herbarium her.

LP ▶ Pflanzen der Wiese kennen und bestimmen können

Lebensraum Wiese – Tiere

Die **Wiese** ist auch **Lebensraum** für **große** und **kleine Tiere**.
Viele Tiere finden dort ihre Nahrung sowie ihren Schlaf- und Brutplatz.

1 Beschrifte.

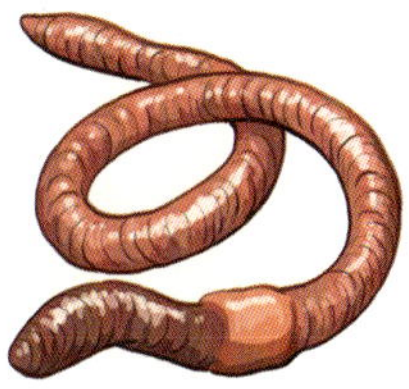

der Regenwurm

der Marienkäfer

die Hummel

der Tausendfüßler

die Schnecke

2 Was sieht, riecht, fühlt und hört man auf einer Wiese? Sammelt eure Eindrücke und besprecht sie in der Klasse.

3 Nehmt auf euren Lehrausgang eine Becherlupe mit. Beobachtet kleine Tiere.

Wiesenrätsel

Auf den vorigen Seiten hast du **viele interessante Dinge** über die **Wiese** erfahren. Stelle nun dein **Wissen** unter Beweis. Wenn du unsicher bist, hilft dir das **Wiesenbild** auf den vorigen Seiten weiter.

1 Trage die Namen der Tiere und Pflanzen in Großbuchstaben ein und finde den Lösungssatz.

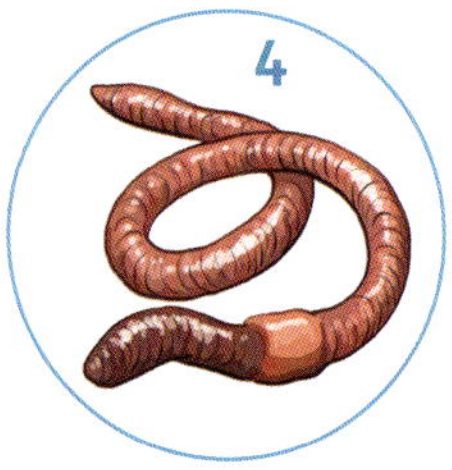

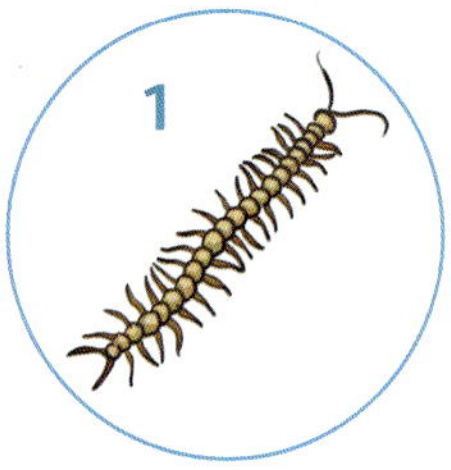

								▼										
1		T								Ü	S	S						
2							P										C	
3						Ä												
4							N			R								
5							W			K								
6					U													
7									C									
8									I									
9					O													
10						R					Ä			R				
11			O								M							
12			I						Ä									

Die Lösung lautet: ___ _____ ____

LP ▶ Besonderheiten des Lebensraumes Wiese kennen

Der Löwenzahn

Den **Löwenzahn** findet man auf fast allen Wiesen. Er hat **sehr lange Wurzeln** und in den **Stängeln** einen **milchigen Saft**. Seinen Namen verdankt er seinen **Blütenkörbchen**, die wie eine **Löwenmähne** aussehen.

1 Beschrifte die Teile des Löwenzahns.

die Samen

die Blüte

der Stängel

die Wurzel

das Blatt

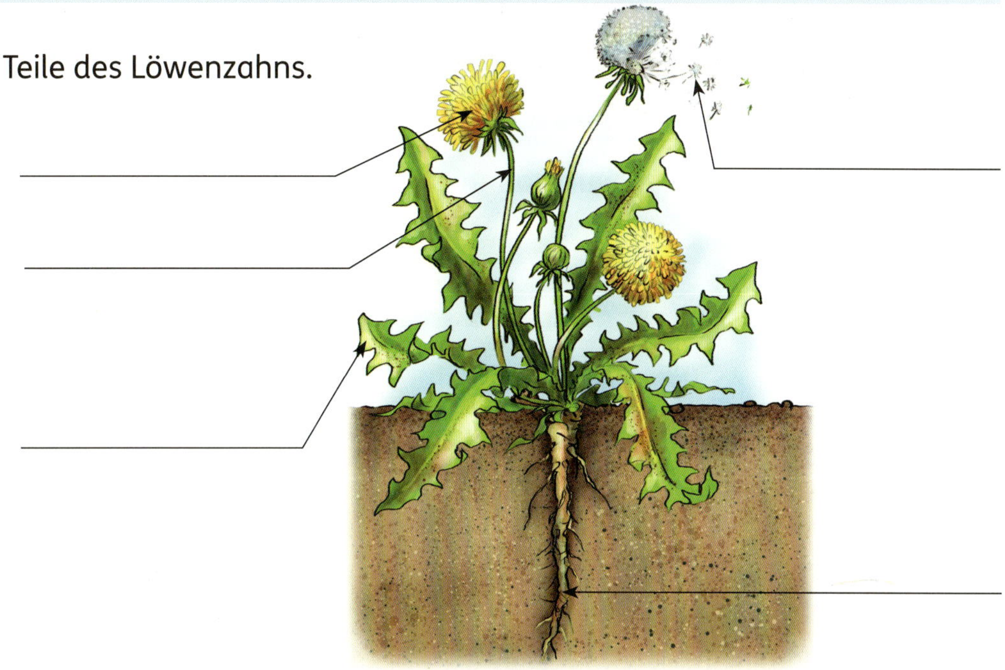

2 Pflücke einen Löwenzahn und untersuche ihn.
Führe folgende Versuche durch und notiere deine Beobachtungen.

1. Schneide den Stängel des Löwenzahns ab und betrachte die Schnittstelle. Was siehst du?

   ____

2. Fülle ein Glas mit Wasser und stelle den Stängel hinein. Was beobachtest du?

   ____

3. Zählt die Blütenblätter. Wie viele Blätter hat deine Löwenzahnblüte? Vergleicht untereinander.

   ____

3 Bereitet mit jungen Löwenzahnblättern, Essig, Öl, etwas Pfeffer und wenig Salz einen gesunden Salat zu.

4 Der Löwenzahn wird auch Pusteblume genannt. Überlegt warum und notiert.

____

Der Maulwurf – ein Steckbrief

Der **Maulwurf** lebt **fast blind unter der Erde**. Dort gräbt er **unterirdische Gänge**, wodurch oben **kleine Erdhaufen** entstehen. In diesen **Gängen lebt** er, **schläft** er, bringt seine **Jungen** zur Welt und hat seine **Vorratskammer**.

Wenn du schnell jemanden über ein Tier informieren willst, kannst du einen **Steckbrief** schreiben.

Ein Steckbrief zum Maulwurf könnte so aussehen:

Steckbrief

Größe: 11–16 cm
Gewicht: 65–130 g
Farbe: schwarzbraun

Merkmale:
- spitze, kaum behaarte Schnauze – Geruchssinn und Tastsinn sind besonders gut entwickelt
- stecknadelkopfgroße Augen – fast blind
- Vorderbeine kurz – Grabschaufeln mit langen Grabkrallen

Nahrung: Insekten, Regenwürmer, Schnecken
Lebensdauer: 3–4 Jahre
Lebensraum: lockere Böden
Fortpflanzung: März bis Mai; 4–5 nackte Junge
Feinde: Katze, Eule, Fuchs

3

1 Arbeitet in Gruppen und sucht im Internet oder in Sachbüchern weitere Informationen über den Maulwurf.
Gestaltet damit ein Maulwurfbuch.

4

2 Sucht euch noch ein Tier aus dem Lebensraum Wiese aus und gestaltet einen ähnlichen Steckbrief.
Sammelt alle Steckbriefe und legt ein gemeinsames Portfolio für die Klasse an.

LP ▶ Bei Tieren bestimmte Verhaltensweisen beobachten und verstehen;
Einrichtungen für bestimmte Lebensweisen bzw. Lebensräume erkennen

Der Maulwurf – sein Lebensraum

Der **Maulwurf lockert** den **Boden auf, belüftet** ihn und macht ihn **fruchtbar**. **Junge Pflanzen** können dabei aber **Schaden** nehmen. Trotzdem ist es wichtig, die **Hügel nicht** zu **zerstören**.

1. Hier siehst du den unterirdischen Lebensraum des Maulwurfs. Nummeriere.

1 Vorratskammer | **2** Erdhaufen | **3** Nest | **4** unterirdischer Gang

2. Lies dir den Steckbrief noch einmal gut durch.
Streiche die falschen Aussagen durch. Die Buchstaben der richtigen Aussagen ergeben ein Lösungswort.

R	Der Maulwurf sieht gut.
Ü	Er frisst gern Regenwürmer und Schnecken.
E	Seine Vorderbeine sind zu Grabschaufeln geformt.
A	Sein Fell ist weiß.
H	Er lebt gern im lockeren Boden.
G	Sein Geruchssinn ist gut ausgebildet.
I	Er bringt 6–7 nackte Junge zur Welt.
L	Er kann 3–4 Jahre alt werden.

Lösungsbuchstaben: ☐☐☐☐☐

Daraus ergibt sich folgendes Lösungswort: ____________________

3. Nehmt eure Steckbriefe und entwerft Quizfragen.

Die Spinne

Spinnen, die **bei uns** leben, sind **harmlos** und **nützlich**. Trotzdem fürchten sich viele Kinder und Erwachsene vor ihnen. Es gibt ungefähr **30 000 Spinnenarten**. Manche leben auf **Pflanzen**, manche in der **Erde** und manche in unseren **Häusern**.

Spinnen sind nützlich, denn sie **fressen** für uns lästige **Insekten** wie zum Beispiel **Gelsen** und **Fliegen**.

Spinnen haben einen **Vorderleib** mit **Kopf**, einen **Hinterleib** und **8 Beine**.

Spinnen haben auf ihren Köpfen **6 bis 9 Augen**, aber sie sehen nicht gut damit.

An ihrem Hinterleib sitzen **Spinnwarzen**. Dort kommt die Flüssigkeit heraus, aus der die **Netze** gesponnen werden.

Wichtig für Spinnen sind die **Taster** auf dem Kopf, die wie Fühler aussehen. Auch mit den **Härchen** an den Beinen spüren sie gut.

Die **Netze** sind **klebrig**, damit die Spinnen ihre **Beute** besser fangen können. Die Spinnen selbst haben **Öl** auf ihren Körpern und bleiben dadurch nicht hängen.

1 Lies dir die Merktexte gut durch und beantworte die Fragen.
Die richtigen Buchstaben ergeben das Lösungswort.

1. Eine Spinne hat:	**O** 4 Beine	**I** 6 Beine	**N** 8 Beine
2. Die Flüssigkeit für das Spinnen der Netze kommt aus den:	**E** Spinnwarzen	**A** Härchen	**U** Fühlern
3. Spinnen fressen:	**Z** Schokolade	**F** Pflanzen	**T** Gelsen
4. Spinnen haben:	**Z** 6–9 Augen	**P** 2–3 Augen	**W** 10–12 Augen

Lösungswort: ______________________

2 Beobachte Spinnen über einen längeren Zeitraum. Notiere.
Verändert sich das Spinnennetz?
Was passiert, wenn ein Insekt in ein Spinnennetz gerät?
Was macht die Spinne mit der gefangenen Beute?

3 Diskutiert eure Ergebnisse in der Klasse.

LP ▶ Über den Körperbau der Spinne Bescheid wissen;
einem Text Informationen entnehmen und Fragen beantworten können

Erkundung eines Gewässers

Es gibt **verschiedene Arten** von **Gewässern. Bäche** und **Flüsse** gehören zu den **fließenden Gewässern. Tümpel, Teiche** und **Seen** gehören zu den **stehenden Gewässern.** Gewässer sind Orte, an denen man sich **erholen** kann.
Man kann dort **schwimmen** oder am Ufer **spazieren gehen**.
Am Wasser kannst du unterschiedliche **Pflanzen** und **Tiere entdecken.**

1 Führe verschiedene Versuche durch und mache Notizen.

Das Ufer untersuchen

Du brauchst:
Notizblock, Stift, Becherlupe, Körbchen
So wird es gemacht:
Suche dir einen Abschnitt von etwa 10 m Ufer.
Untersuche diese Zone.
Welche Farbe hat die Erde?
Welche Pflanzen findest du?
Was ist noch zu sehen?

Kleine Lebewesen herausholen

Du brauchst:
ein Sieb und ein Glas mit Wasser
So wird es gemacht:
Ziehe das Sieb durch das Wasser.
Gib die gefischten Tiere in das Glas.

Lebewesen beobachten und bestimmen

Du brauchst:
eine Becherlupe, ein Bestimmungsbuch,
ein Glas und eine flache Schale aus Glas
So wird es gemacht:
Fülle die gefangenen Tierchen aus dem
Glas in die flache Schale um.
Nimm eine Becherlupe und beobachte sie.
Achte auf die Form und Bewegung der Wassertierchen.

Die beobachteten Lebewesen müssen danach wieder zurückgebracht werden.

Schreibe ins Heft,
was für dich am spannendsten war.

Leben im und am Wasser – Pflanzen

Viele **Pflanzen** haben sich an das **Leben im** und **am Wasser** angepasst und dort ihren idealen **Lebensraum** gefunden.

1 Nummeriere die Wasserpflanzen.

1 der Rohrkolben

2 das Raue Hornblatt

3 das Schilf

4 die Sumpfschwertlilie

5 die Wasserlinsen

3

2 Du kannst ein Wasserbuch gestalten oder Bilder von Wasserpflanzen malen. Im Internet oder in Bestimmungsbüchern findest du Wissenswertes über verschiedenste heimische Wasserpflanzen.

Leben im und am Wasser – Tiere

Auch **viele verschiedene Tierarten** leben **im Wasser** oder **am Ufer** eines **Gewässers**. Sie finden hier ihre **Nahrung** sowie ihren **Schlaf**- und **Brutplatz**.

1 Welche Wassertiere kennst du? Notiere sie.

6 der Rückenschwimmer

7 der Gelbrandkäfer

8 die Köcherlarve

9 die Libelle

10 die Wasserspinne

3

2 Verfasse einen Steckbrief über ein Tier deiner Wahl.

6

7 Informiert euch über verschiedene Gewässer. Stellt ein Portfolio zusammen.

Die Seerose

Seerosen sind **Pflanzen**, die auf der **Wasseroberfläche schwimmen** und im **Schlamm verwurzelt** sind.
Sie blühen prachtvoll in **Weiß, Gelb, Orange** oder **Rot**.
Ihre **Stängel** sind innen **hohl**. Die **Blätter** sind **rund** und haben eine **wachsartige Oberfläche**.
Seerosenblätter sind **lichtundurchlässig**.
Deshalb ist unter den Blättern Schatten.

1 Beschrifte die Teile der Seerosenpflanze.

die Blüte

das Blatt

der Stängel

die Wurzel

2 Verbinde die Satzteile zu sinnvollen Sätzen.

Die Blüten der Seerose

Die Insekten legen

Die Eier dienen

Unter der Pflanze

Ein Blatt dient als Ruhe- und

ihre Eier ab.

Trinkplatz für kleine Wassertiere.

als Fischfutter.

locken Insekten an.

wachsen nicht viele andere Pflanzen, weil dort Schatten ist.

LP ▶ Die Seerose als Wasserpflanze kennen lernen; die Lebensweise von Seerosen verstehen lernen

Die Seerose beobachten

Die **Seerose** hat sich an das **Leben im Wasser** angepasst.

1 Überprüfe durch verschiedene Experimente.

Seerosenstängel

1. Fülle einen Ballon mit Wasser und einen Ballon mit Luft.

2. Lege die Ballons in einen Behälter mit Wasser.

Meine Vermutung: ______________________

____

Das ist passiert: ______________________

____

Mein Ergebnis: Die Seerosenstängel haben Luftkammern, damit ______________________

____

Seerosenblätter

1. Schneide zwei Blätter aus Papier aus.

2. Reibe ein Blatt mit Wachs ein.

3. Lege beide Blätter ins Wasser.

Meine Vermutung: ______________________

____

Das ist passiert: ______________________

____

Mein Ergebnis: Die Blätter sind mit Wachs überzogen, damit ______________________

____

Pflanze unter Wasser

1. Setze eine Wasserpflanze und eine Zimmerpflanze in Wassergläser.

2. Beobachte längere Zeit.

Meine Vermutung: ______________________

____

Das ist passiert: ______________________

____

Mein Ergebnis: Wasserpflanzen ______________________

____

Die Stockente

Die **Stockente** ist ein **Wasservogel**, den man sehr häufig sieht. **Männchen** und **Weibchen** haben ganz **unterschiedliche Farben**. Durch ihren **Körperbau** sind Stockenten besonders gut an ihr **Leben im Wasser** angepasst.

1 Unterstreiche im Text, wie sich die Enten an das Leben im Wasser angepasst haben.

Mit ihren Schwimmfüßen, die Häute zwischen den Zehen haben, kann die Ente gut schwimmen.

Den Schnabel benutzt sie zum Grundeln. So nennt man es, wenn die Ente im Wasser nach Nahrung fischt. Im Schnabel der Ente sind kleine Hornleisten. Sie lassen das Wasser ablaufen, die Nahrung bleibt aber zurück.

Ihre Federn fettet die Ente mit ihrem Schnabel regelmäßig ein. Dazu benutzt sie das Fett der Bürzeldrüse von ihrem Hinterteil.

2 Erstelle mit Hilfe des Textes und des Internets einen Steckbrief über Enten. Informiere dich auch in Sachbüchern.

3 Besucht ein Gewässer in eurer Nähe und beobachtet Enten. Macht Fotos. Welche beschriebenen Verhaltensweisen konntet ihr beobachten? Berichtet über eure Beobachtungen in der Klasse.

Die Stockente beobachten

Die **Stockente** hat ein **wasserdichtes Gefieder**, einen **breiten Schnabel** und **Schwimmfüße**.

1 Sammle Entenfedern und überprüfe im Experiment, wie sich die Stockente an das Leben im Wasser angepasst hat.

Gefieder

1. Lege eine Feder aufs Wasser.

2. Lege eine mit Spülmittel entfettete Feder daneben.

Meine Vermutung: ______________________________

____

Das ist passiert: ______________________________

____

Mein Ergebnis: Die Ente fettet ihre Federn, damit ______________________________

____

Schwimmfüße

1. Paddle mit gespreizten Fingern durchs Wasser.

2. Ziehe ein Plastiksackerl über die Hand und paddle.

Meine Vermutung: ______________________________

____

Das ist passiert: ______________________________

____

Mein Ergebnis: Die Ente hat Haut zwischen den Zehen, damit ______________________________

____

2 Führe noch diesen Versuch durch.
Fülle eine große Schüssel mit Wasser. Dann gib kleine Teilchen, z. B. zerkleinerte Blätter und Gräser, hinein. Versuche, die Teilchen mit einer kleinen Schale aus dem Wasser zu fischen. Probiere dasselbe mit einem Kamm noch einmal. Was hast du festgestellt? Warum hat die Ente Hornleisten im Schnabel?

____

____

LP ▶ Die besonderen Eigenschaften des Entenkörpers erkennen und verstehen

Die Libelle

Wenn du eine Zeit lang ruhig das Leben am Teich beobachtest, schwirrt bestimmt auch eine **Libelle** heran. Du brauchst keine Angst zu haben, Libellen sind **harmlos** und **stechen nicht**. Die schönen **Insekten** sind wahre **Flugkünstler**, sie bewegen sich in der Luft sehr wendig und können sogar **auf der Stelle fliegen**. Aus den **Eiern der Libelle** schlüpfen **Larven**, die im Wasser leben. Später klettern sie an **Pflanzenstängeln** heraus und **bauen** ihren gesamten **Körper** unter der **Larvenhaut um**. Anschließend befreien sie sich als **fliegende Libellen** aus der alten Hülle. Das nennt man **Metamorphose**.

1 Hoppla! Hier sind Buchstaben durcheinandergeraten.
Bringe sie in die richtige Reihenfolge und setze die Wörter ein.

Nach der ______________________ (gnuPraa) legen die Weibchen ihre Eier meist unter Wasser ab. Aus den Eiern schlüpfen ______________________ (raLenv). Sie leben anschließend für einige Zeit im ______________________ (reWssa). Dann klettern sie an einem Pflanzenstängel heraus und ______________________ (vrewnadlen) sich. Die geschlüpften ______________________ (illebLen) können jetzt fliegen. Sie leben meist nur noch einen ______________________ (oSrmme).

3

2 Welche anderen Tiere verwandeln sich ebenso wie die Libelle?
Informiere dich in Sachbüchern oder im Internet. Schreibe auf.

____

4

3 Suche dir ein Insekt aus, das die Metamorphose durchläuft.
Gestalte dazu einen Steckbrief.

LP ▶ Die Entwicklungsstadien der Libelle erfassen; die Metamorphose kennen lernen

Die Libelle beobachten

Du hast schon viel über das **Leben** der **Libelle** erfahren. In ihrer **Entwicklung** durchläuft die **Libelle** eine **Metamorphose**. Das bedeutet so viel wie **Verwandlung**.

1 Beschrifte die Entwicklungsstadien der Libelle.

das Schlüpfen | die Eiablage | die fertige Libelle | das Larvenstadium

______ ______ ______ ______

2 Nummeriere die Entwicklungsstadien der Libelle in der richtigen Reihenfolge.

- ◯ Dann klettern sie an einem Pflanzenstängel heraus und verwandeln sich.
- ◯ Aus den Eiern schlüpfen Larven. Die Larven leben für einige Zeit im Wasser.
- ◯ Die Libellenweibchen legen ihre Eier meist unter Wasser ab.
- ◯ Die fertigen Libellen können fliegen und leben meist nur einen Sommer lang.

3 Beschrifte die Libelle. Verwende diese Wörter.

der Kopf | die Facettenaugen | der Hinterleib | 6 Beine | 4 Flügel | die Brust

Krötenwanderung

Kröten sind sehr **anpassungsfähig** und können auch unter schlechten Bedingungen leben. Sie fressen **Käfer, Fliegen, Spinnen, Tausendfüßler** und **Nacktschnecken**. Sie können sehr **alt** werden.

1 Warum sind die Kröten gefährdet?
Lies den Text und unterstreiche wichtige Stellen.

Erdkröten gehören zur Tiergruppe der Amphibien. Sie wachsen zunächst im Wasser auf, leben dann aber an Land.
Im Frühling machen sie sich in der Dämmerung auf den Weg zu einem Gewässer, um dort ihre Eier, den Laich, abzulegen.
Oft suchen sich die Erdkrötenmännchen schon unterwegs ein Weibchen.
Sie klammern sich auf dem Rücken fest.

Am Teich angekommen, schwimmt das Krötenpärchen gemeinsam durchs Wasser.
Das Weibchen legt lange Laichschnüre, die wie schwarze Perlenketten aussehen.
Das Männchen verteilt seinen Samen im Wasser, um die Eier zu befruchten.
Danach wandern die Erdkröten wieder zurück.

Naturschützerinnen und **Naturschützer** stellen **Krötenzäune** an befahrenen **Straßen** auf.
Weil Kröten nicht hoch springen können, wandern sie an den Zäunen entlang und landen in aufgestellten **Kübeln** oder **Bodenfallen**.
Dann werden sie von freiwilligen Helferinnen und Helfern über die Straßen getragen.

LP ▶ Entwicklungsvorgänge von Tieren und Merkmale von Amphibien kennen lernen;
Tierschutz, Notwendigkeit von Gesetzen und Maßnahmen zur Erhaltung der Natur verstehen

Die Metamorphose

Du hast bereits **Tiere** kennen gelernt, die eine **Metamorphose**, eine **Verwandlung**, durchleben. Hier siehst du diese **Entwicklung** noch einmal zusammengefasst.

1 Welche Texte gehören zu den Bildern? Trage die richtigen Nummern ein.

Nach einiger Zeit entwickelt sich der Schwanz zurück und die Beine beginnen zu wachsen. ◯

Im Wasser legt das Weibchen den Laich ab. Die Laichschnüre werden um die Wasserpflanzen geschlungen. Das Männchen befruchtet die Eier. ◯

Aus dem Laich schlüpfen kleine Kaulquappen. Sie haben einen langen Schwanz, mit dem sie schnell schwimmen können. ◯

Wenn die kleinen Kröten fertige Vorder- und Hinterbeine haben, verlassen sie das Wasser. Sie wandern in einen Lebensraum, der ihnen Schutz und Nahrung bietet. ◯

Im Frühling wandern die Erdkröten zu dem Gewässer zurück, in dem sie aufgewachsen sind. Dabei sitzt das Männchen oft schon unterwegs auf dem Rücken eines Weibchens. (1)

Die Erdkröte überwintert in Erd- und Schlammlöchern nahe gelegener Felder oder Wälder. Deshalb sieht man sie meist auch nur im Frühling, wenn sie auf dem Weg zu ihrem Laichplatz ist. ◯

4

2 Suche weitere Informationen zur Erdkröte und erstelle einen Steckbrief.

Tiere am Teich

Viele **Tiere** siedeln sich an einem **Gewässer** an.

1. Welche Tiere am und im Wasser erkennst du? Male sie an und schreibe die Ziffern dazu. Wenn du dir nicht sicher bist, kannst du auf den Seiten 68 und 69 nachschauen.

1 der Wasserfrosch • 2 der Rückenschwimmer
3 der Hecht • 4 die Köcherlarve • 5 die Libelle
6 der Karpfen • 7 der Reiher
8 die Wasserschnecke • 9 die Wasserspinne
10 die Stockente • 11 der Haubentaucher
12 der Gelbrandkäfer

2. Erkundigt euch, welche Tiere in einem stehenden und welche in einem fließenden Gewässer zu finden sind. Vergleicht eure Ergebnisse.

LP ▶ Tiere an und in einem Gewässer erkennen und beobachten

Der Wald und seine Aufgaben

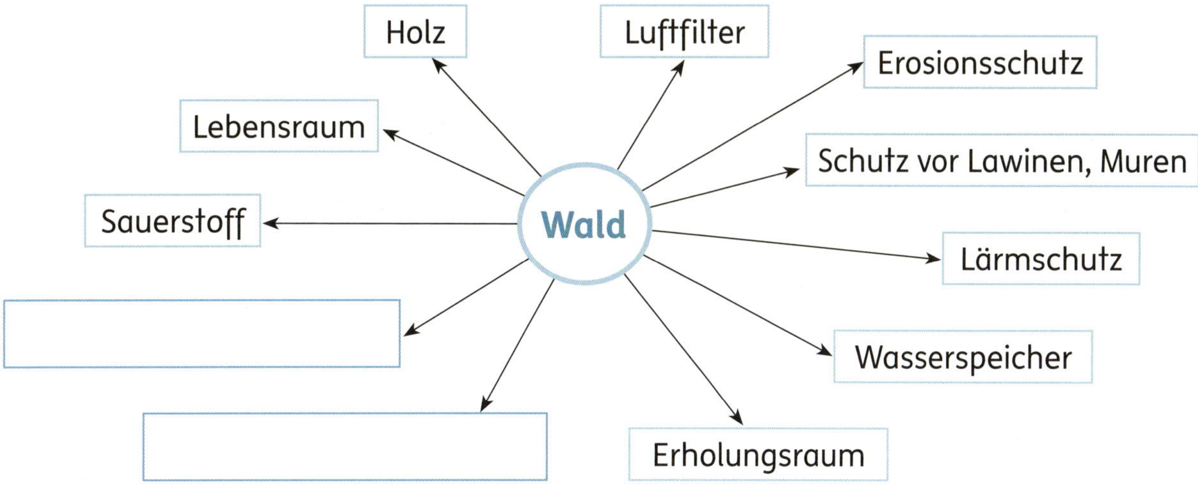

7

(1) Diskutiert über diese Schlagworte und überlegt, welche Aufgaben der Wald noch hat. Übertragt die Darstellung auf ein Plakat und schreibt noch mehr dazu.

(2) Ordne die Texte den Bildern zu.

- Die Wurzeln der Pflanzen schützen den Boden. Er kann nicht mehr durch Wind und Wasser abgetragen werden.
- Einwohnerinnen und Einwohner einer Stadt sind froh darüber, wenn zwischen ihnen und der Autobahn ein Wald liegt. Sie haben dadurch weniger Lärm.
- Der Wald dient als Holzlieferant. Das Holz wird zum Beispiel in Möbelfabriken, zum Heizen und zum Bauen gebraucht. Die gefällten Bäume müssen wieder nachgepflanzt werden.
- Fabriken verschlechtern durch ihre Abgase die Luft. Der Wald filtert die Luft. Dadurch wird sie verbessert.

(1)

(3)

(2)

(4)

Der Baum – unser Holzlieferant

Wusstest du, **dass ein großer Baum** bis zu **zehn Menschen** mit **Sauerstoff** versorgen kann? Wälder sind außerdem wichtig für den **Wasserhaushalt der Erde**, da das **Regenwasser** im Waldboden gespeichert wird. Der Wald ist ein wichtiger **Holzlieferant**. Um das ökologische Gleichgewicht zu erhalten, ist es notwendig, junge Bäume nachzupflanzen.

Das **Alter eines Baumes** lässt sich an seinen **Jahresringen** abzählen. Gute Zeiten mit viel Regen und Sonne kannst du daran ebenso erkennen wie harte Winter.

3

1 Sucht im Internet nach Bildern von Baumscheiben. Zählt die Jahresringe und versucht sie zu deuten.

2 In der Wortschlange findest du Begriffe zu den Bildern. Kreise die Wörter ein und verbinde sie mit Pfeilen mit den richtigen Bildern.

BÄUMEFÄLLENABTRANSPORTTISCHLEREI

2

3 Besucht eine Tischlerei oder ein Sägewerk in eurer Nähe und erkundigt euch, wie Holz verarbeitet und wofür es verwendet wird. Schreibe auf, was du dort erfahren hast.

LP ▶ Den Baum als Waldpflanze und Holzlieferanten kennen lernen; die Verarbeitung von Holz verstehen und Produkte aus Holz nennen können

Wald-Quiz

1 Es gibt verschiedene Arten von Wäldern. Ordne zu.
Wenn du dir nicht sicher bist, schau in Sachbüchern nach.

der Mischwald | der Nadelwald | der Laubwald

______________________ ______________________ ______________________

2 Beantworte die Fragen.
Woran kann man das Alter eines Baumes erkennen?

____

Was brauchen Bäume, um gut wachsen zu können?

____

Welche Ursachen für schmale Jahresringe kennst du?

____

3 Wenn du die Tiere im Wald genau beobachtest, kannst du einiges über die Natur erfahren.
Welches Verhalten der Tiere passt zu welchem Naturereignis? Verbinde.

Schnecken machen ihr Häuschen zu – kühler

Ameisen, Käfer, Schnecken klettern auf Baumstämme – drohendes

Vögel fliegen tief – kommender

viel Moos wächst, große Stechmückenplage – feuchter

Regen

Sommer

Herbstwind

Hochwasser

Mit dem Boden sorgsam umgehen

Im Gegensatz zu den anderen Planeten unseres Sonnensystems hat die **Erde** eine **feste Oberfläche**. Besonders wichtig ist dabei die oberste Schicht: der **Mutterboden**, auch **Humus** genannt. Er wird durch die intensive Tätigkeit von **Bodentierchen und Bakterien** gebildet, die Laub, Nadeln, Rinden und sonstige Pflanzenteilchen zerlegen.
Die **oberste Bodenschicht** ist lebensnotwendig für das **Wachstum von Pflanzen**. Dieser Boden **wird gefährdet**, wenn Wälder **abgeholzt** werden.
Wasser und Wind tragen die Erde davon, weil sie nicht mehr von den Wurzeln oder Pflanzen gehalten wird. Das nennt man **Erosion**.

„Mutter Erde“ ist die Mutter allen Lebens. Mit „Erde“ meinen wir nicht nur unseren Planeten, sondern auch seine feste Oberfläche, den **Boden**.
Der Boden kann sehr unterschiedlich sein. In manchen Landschaften werden die verschiedenen **Erdschichten** sichtbar. Diese Schichten werden auch **Bodenhorizonte** genannt.

1. Bringt verschiedene Erdproben (zum Beispiel aus dem Garten oder dem Wald) mit. Gebt sie in flache Schalen und fühlt, wie unterschiedlich Erde sein kann. Versucht, eure Eindrücke in Worte zu fassen.

____

____

____

3

2. Bildet Arbeitsgruppen und forscht zum Thema Boden. Schlagt in Sachbüchern nach oder sucht in Kindersuchmaschinen im Internet nach den Begriffen Bodenlebewesen, Regenwurm, Humus …

LP ▶ Umweltbewusstes Verhalten vertiefen;
Lebensraum Erde untersuchen und unterschiedliche Zusammensetzungen erkennen

Leben im Waldboden

Im **Waldboden** leben **Bakterien, Würmer, Asseln, Spinnen, Milben, Tausendfüßler, Insekten** und **Insektenlarven**. Diese Lebewesen **zersetzen** die **abgefallenen Blätter** und **Pflanzen** und bilden so den **Waldboden**. Die meisten von ihnen sind so **klein**, dass man sie mit **freiem Auge nicht erkennen** kann.

1 Untersucht den Waldboden.
Ihr braucht:

- einen Schachteldeckel
- eine Schaufel und einen Kübel
- eine Lupe, eventuell eine Becherlupe
- einen Pinsel
- ein Bestimmungsbuch

Gib vorsichtig etwas Waldboden auf einen Schachteldeckel. Was beobachtest du?
Bringe den Waldboden danach wieder an seine Stelle zurück.

Tiere im Waldboden
Eine Hand voller Walderde enthält ungefähr **so viele Kleinstlebewesen**, wie **Menschen auf der Erde** leben.

Größere Waldbodenbewohner sind zum Beispiel:

die Ameise

der Ohrwurm

die Wanze

die Waldschabe

der Laufkäfer

2 Sammle in Sachbüchern und im Internet wichtige Informationen über die Ameise und erstelle ein Ameisenbüchlein.

Die Schichten des Waldes

Wenn in einem Wald **Laub- und Nadelbäume** gemeinsam vorkommen, spricht man von einem **Mischwald.** Das typische Bild des Mischwaldes entsteht durch den Aufbau in mehreren **Schichten.**
In der **Baumschicht** kühlt der **Wind** die Kronen ab. Die Dichte der Bäume bestimmt, wie viel **Licht** und Wärme die übrigen Schichten bekommen.
In der **Strauchschicht** und der **Krautschicht** ist es wärmer und feuchter.
In der **Moosschicht** ist es am feuchtesten und dunkelsten.

1 In jeder Schicht haben bestimmte **Tiere** und **Pflanzen** ihren **Lebensraum**. Ergänze.

B____________schicht:
Tiere: Grünspechte, Amseln, Waldohreulen, Eichhörnchen, Baummarder, Insekten
Pflanzen: Nadelbäume, Laubbäume

St____________schicht:
Tiere: Spinnen, Schmetterlinge, Haselmäuse, Hirsche, Füchse, Wildschweine
Pflanzen: junge Bäume, Haselsträucher, Himbeeren, Brombeeren

K____________schicht:
Tiere: Spitzmäuse, Eidechsen, Igel, Feldhasen, Schnecken
Pflanzen: niedrige Blütenpflanzen, Kräuter, Farne, Zwergsträucher wie Heidelbeeren, Pilze mit Stielen

M____________schicht:
Tiere: Regenwürmer, Waldameisen
Pflanzen: Moose, kleine Kräuter, Flechten, Pilze

2 **Achtung, manche Beeren und Pilze sind giftig!**
Informiert euch in einem Pflanzenlexikon darüber.

LP ▶ Den Lebensraum Wald kennen lernen;
die Bedeutung des Stockwerkbaus für die Waldbewohner kennen

Verschiedene Schichten

Wie du bereits weißt, sind der **Wald** und sein **Boden** in **verschiedenen Schichten** aufgebaut.

1 Erinnere dich und fülle aus.

St ____________________

H ____________________

L ____________________

s ____________________

M ____________________

3

2 Beschrifte die Schichten des Waldes und male an.
Von einigen Tieren weißt du bereits, in welchen Schichten sie ihren Lebensraum haben. Schreibe nun zu jeder Schicht noch zwei weitere Tiere auf, die dort leben.
Du kannst dich in Sachbüchern und im Internet darüber informieren.

B ____________________

St ____________________

K ____________________

M ____________________

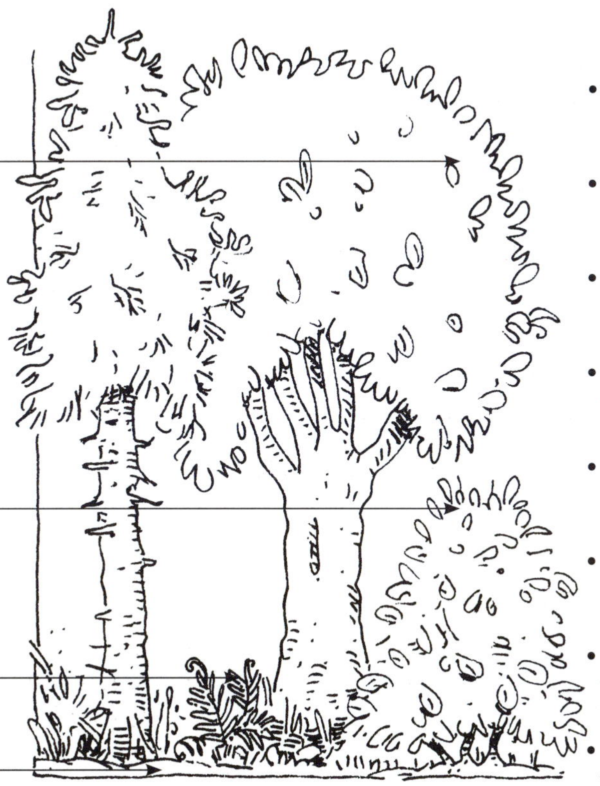

- ____________________
- ____________________
- ____________________
- ____________________
- ____________________
- ____________________
- ____________________
- ____________________

Der Fuchs

Der **Rotfuchs** ist ein **Raubtier**, das häufig in unseren **Wäldern** zu finden ist. Da er hauptsächlich in der **Dämmerung** und **nachts** unterwegs ist, sehen wir ihn jedoch selten. Der Fuchs gehört zu den **Säugetieren**. Das heißt, die **Fähe**, so nennt man die **Fuchsfrau**, bringt **lebende Junge zur Welt**, die sie **säugt**.

Steckbrief

Größe: 50-90 cm Körperlänge
Gewicht: bis 10 kg
Farbe: rotbraunes Fell

Merkmale:
- lange, schmale Schnauze
- spitze, hoch aufgerichtete Ohren
- buschiger, langer Schwanz, oft mit weißer Spitze – wird auch Lunte genannt

Nahrung: Insekten, Vögel, Eier, Mäuse, Kaninchen, Beeren, Früchte und Aas
Behausung: Höhle (Fuchsbau)
Fortpflanzung: März bis Mai; 4–6 Fuchswelpen

3

1 Warum sollte man einen toten oder scheinbar zahmen Fuchs nicht anfassen? Informiert euch im Internet über die Krankheit Tollwut.

4

2 Erstelle einen Steckbrief zu einem weiteren Säugetier, das im Wald lebt. Sammle dafür Informationen in Sachbüchern. Male auch ein Bild von dem Tier, das du dir ausgesucht hast.

3

3 Lest gemeinsam die Fabel „Der Fuchs und der Rabe“ und sprecht darüber. Ihr findet sie in Fabelbüchern oder im Internet.

LP ▶ Das Wissen über den Bau und die Lebensweise von Tieren exemplarisch erweitern

Waldtiere

Du hast bereits den **Fuchs** kennen gelernt. Im Wald wohnen noch viele andere Tiere wie zum Beispiel das **Reh**, der **Hirsch**, das **Wildschwein**, der **Braunbär**, das **Eichhörnchen**, die **Eule** und noch viele weitere.

1. Beschrifte die Teile des Fuchskörpers. Male an.

die Lunte | die schmale Schnauze | spitze Ohren | die Augen

die Hinterbeine | die Pfote mit Krallen | der Rücken

2. Klebe hier ein Foto oder Bild eines anderen Waldbewohners ein und beschrifte seine Körperteile.

Die Nahrungskette

Tiere und **Pflanzen** im Wald bilden eine **Gemeinschaft**, in der sie miteinander und voneinander leben. Sie sind Teile von **Nahrungsketten**. Das heißt, sie **fressen** und werden **gefressen**. Dadurch ist die Anzahl der Tiere ausgeglichen und das **natürliche Gleichgewicht** bleibt erhalten. Wenn ein Teil der Nahrungskette fehlt, verhungert das nächste **Glied** der **Nahrungskette**. Um dieses Gleichgewicht kümmern sich auch die **Jägerinnen** und **Jäger**.
Manchmal steht der **Mensch** am **Ende** der **Nahrungskette**.

1. Trage die richtigen Pfeile und die Namen der Tiere ein.

der Baummarder | der Zapfen | das Eichhörnchen | das Blatt
der Singvogel | der Greifvogel | die Raupe

2. Zeichne eine Nahrungskette mit dem Fuchs als ein Glied der Nahrungskette.

3. Zeichne eine Nahrungskette mit dem Hirsch als ein Glied.

4. Welche Tiere und Pflanzen isst der Mensch? Diskutiert in der Klasse.

LP ▶ Die Bedeutung der Glieder der Nahrungskette kennen lernen

Tiere im Winter

Tiere verbringen den **Winter** auf verschiedene Weise. Manche Tiere **fressen** sich eine **dicke Fettschicht** an und **schlafen** dann den **ganzen Winter (Winterschlaf)**. Andere werden **manchmal wach** und **suchen nach Nahrung** oder fressen die **Vorräte**, die sie im **Herbst** angelegt haben **(Winterruhe)**. **Lurche** (z. B. Frösche), **Insekten** und **Weichtiere** (z. B. Schnecken) werden unbeweglich **(Winterstarre)**. **Zugvögel** fliegen in **wärmere Länder** und überwintern dort. Viele Waldbewohner bekommen einen **Winterpelz** oder ein **dichtes Winterfell**. Weil sie im Winter nicht genug Nahrung finden, werden sie von den **Jägerinnen und Jägern gefüttert**.

1 Trage die Namen der Tiere richtig ein.

der Hirsch | die Kröte | das Wildschwein | der Star | der Kuckuck | der Igel | der Braunbär | der Dachs | die Haselmaus | der Fuchs | die Schnecke

Winterfell, Winterpelz: H________, W________, F________

Winterruhe: B________, D________

Winterschlaf: I________, H________

Winterstarre: K________, S________

Überwintern in wärmeren Ländern: S________, K________

2 Welche anderen Waldbewohner kennst du noch? Wie überwintern sie? Schreibe auf.

____

____

Die Landwirtschaft und ihre Produkte

Die **Erde** bietet **Lebensräume** für viele verschiedene **Tiere** und **Pflanzen**.
Auch der **Acker** ist ein wichtiger Lebensraum. **Feldhamster, Feldmäuse, Hasen, Rehe, Vögel** und andere Tiere leben hier. Die **Feldfrüchte**, die auf ihnen angepflanzt werden oder wild wachsen, sind **Nahrung** für **Mensch** und **Tier**.

Die **Landwirtinnen** und **Landwirte** pflegen diese **Lebensräume**.
Einige von ihnen haben ihren Betrieb auf **Biolandbau** umgestellt. Das heißt, sie verwenden **keine Spritzmittel** und **Handelsdünger**. Sie düngen ihre Felder mit **Mist** (mit Stroh vermischter Tierkot) und **Kompost** (verrotteter Bioabfall). Schädlinge bekämpfen sie teilweise mit **Nützlingen** (Spinnentiere und Insekten).

Landwirtinnen und Landwirte erzeugen wichtige Lebensmittel, so genannte **Grundnahrungsmittel**.

Manche **Bäuerinnen** und **Bauern** haben eine ganz spezielle **Ausbildung** gemacht und laden **Kinder** auf ihren Hof ein, damit sie das **Leben** und **Arbeiten** auf einem **Bauernhof** kennen lernen.

2 1 Besucht einen Betrieb und erkundigt euch nach der Arbeit eines Landwirten oder einer Landwirtin.
Erstellt einen Tagesablauf.

LP ▶ Die Landwirtschaft als Landschaftspflege und zur Erhaltung von Lebensraum kennen lernen

Verschiedene Bauernhöfe

Es gibt landwirtschaftliche Betriebe mit **verschiedenen Schwerpunkten**. Manche haben sich auf **Getreide-, Obst-, Gemüse-** oder **Weinbau** spezialisiert. Andere Betriebe leben von der **Viehhaltung**.

1 Forsche nach, welche Betriebe es in deiner Umgebung gibt.
Male die entsprechenden Begriffe an und ergänze.
Vergleicht eure Ergebnisse.

Getreideanbau | Weinbau | Kräuteranbau | Feldgemüseanbau

Rinderhaltung | Schweinehaltung | Geflügelhaltung

Obstbau | Pferdehaltung | Weideviehhaltung | Forstwirtschaft

Fischzucht

2 Viele Bäuerinnen und Bauern stellen auf ihren Höfen zusätzliche Angebote.
Verbinde die Begriffe mit den richtigen Erklärungen.

Hier kannst du **landwirtschaftliche Produkte** aus dem eigenen Betrieb wie zum Beispiel **Gemüse** oder **Fleisch** kaufen.

Schulklassen dürfen diesen Bauernhof besuchen und bei der **Arbeit** mithelfen.

Man kann auf diesem Bauernhof **übernachten**.

Schule am Bauernhof

URLAUB AM BAUERNHOF

GUTES VOM BAUERNHOF
www.gutesvombauernhof.at

Getreide und Mais

Weizen, **Gerste**, **Roggen** und **Hafer** sind die bei uns am häufigsten angebauten **Getreidearten**. In manchen Regionen werden **Hirse** und **Dinkel** (eine Weizenart) angebaut. In vielen Gebieten findet man auch **Maisfelder**.
Reis gehört ebenfalls zu den **Getreidearten**, wächst aber **nicht in Österreich**.

Weizen

Gerste

Roggen

Hafer

Hirse

Dinkel

Reis

Mais

1 Getreide und Mais sind Grundnahrungsmittel.
Trage ein.

- der Weizen – **W**
- der Roggen – **Ro**
- der Hafer – **Ha**
- der Mais – **M**
- der Reis – **Re**
- die Hirse – **Hi**

2 Bringt Material (Bücher, Bilder, Lebensmittel aus Getreide ...) zum Thema Getreide mit und gestaltet eine Ausstellung.

LP ▶ Getreidearten und Mais sowie deren Verwendung kennen lernen

Getreidearten

Manche **Getreidepflanzen** wie **Hafer** erkennst du sehr schnell. **Weizen**, **Roggen** und **Gerste** sehen einander jedoch sehr ähnlich.

1 Schreibe die Namen der Getreidearten unter die Bilder.

W ____________

R ____________

H ____________

G ____________

2 Besorgt euch Ähren der verschiedenen Getreidearten.
Vergleicht, wie viele Körner in den Ähren gereift sind. Gute Wachstumsbedingungen bringen einen hohen Ertrag, schlechte einen niedrigeren.

3 Verbinde die Teile der Getreidepflanzen mit den richtigen Begriffen.

- die Körner
- die Rispe
- die Grannen
- die Blätter
- die Ähre
- der Halm
- die Wurzeln

Vollkornmehl ist viel gesünder als Weißmehl, weil in der Schale des Getreidekorns viele wichtige Ballaststoffe enthalten sind.

4 Schneide ein Weizenkorn vorsichtig mit einem Messer auf.
Erkennst du die einzelnen Teile? Trage sie richtig ein.

- der Mehlkörper
- die Schale
- der Keimling

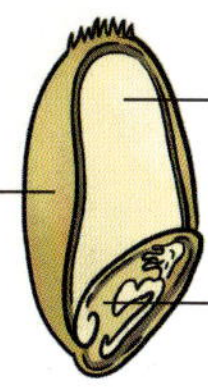

Andere Feldfrüchte

Viele **Landwirtinnen** und **Landwirte** ernten auf ihren Feldern neben Getreide auch andere **Lebensmittel** für Menschen oder **Futterpflanzen** für die Tiere.
Im **Wachstum** müssen diese Felder mit Geräten oder händisch von **Unkraut** befreit und die **Erde** muss **gelockert** werden, um optimale **Wachstumsbedingungen** zu erhalten. Die **richtige Menge** an **Sonne** und **Regen** ist für die **Qualität** der Ernte verantwortlich.
Die **Ernte** solcher Produkte erfolgt teilweise mit **Maschinen**, teilweise in mühevoller **Handarbeit**.

1 15 Begriffe sind im Rätsel versteckt. → ↓
Kreise die gefundenen Begriffe ein und schreibe sie auf ein Plakat.

L	C	P	V	R	O	E	K	T	Z	D	G	E	M	Ü	S	E	N	W	E	I	N	T	R	A	U	B	E
E	F	G	W	Q	K	R	A	U	T	A	Z	U	H	K	V	S	O	N	N	E	N	B	L	U	M	E	L
F	I	B	R	N	Ü	Q	R	T	Z	W	I	E	B	E	L	R	M	P	I	B	V	C	U	H	O	I	T
P	X	Q	L	A	R	D	O	V	F	D	R	I	O	V	Q	J	A	G	X	R	A	P	S	R	H	U	L
A	P	F	E	L	B	V	T	M	E	A	Z	U	C	K	E	R	R	Ü	B	E	M	B	C	O	N	E	W
D	N	R	A	K	I	Q	T	A	O	G	F	R	I	X	Y	H	I	M	B	E	E	R	E	B	A	F	B
R	P	B	E	R	S	V	E	I	W	Q	Y	U	Z	F	H	G	L	P	U	F	C	H	K	L	E	N	B
E	O	T	B	Z	U	R	T	S	N	K	S	P	A	R	G	E	L	M	O	S	O	J	A	K	T	Z	T
M	U	J	C	A	W	E	I	Z	E	N	T	L	B	I	R	N	E	P	U	A	Z	E	R	I	B	R	S

3

2 Sucht Bilder von den Pflanzen und Feldfrüchten, die ihr im Rätsel entdeckt habt, und ergänzt damit das Plakat.

LP ▶ Verschiedenartige Feldfrüchte kennen und deren Anbau und Ernte erklären können; ihre Weiterverarbeitung verstehen

Nutztiere

Landwirtinnen und Landwirte halten Tiere als **Nutztiere.**
Es werden ganz unterschiedliche **Nutztiere** gehalten:
Hühner, Wachteln, Gänse, Enten, Alpakas, Rinder, Schweine, Ziegen, Schafe, Hasen, Fische, Pferde, Bienen und viele andere Tiere.
Wir erhalten von ihnen zum Beispiel Milch, Eier, Fleisch, Wurst, Fett, Honig, Wolle, Leder oder Federn.

1 Erstelle eine Tabelle, welche Produkte wir von welchen Tieren erhalten.
Etwa so:

	Fleisch	Milch	Eier	Federn	...
Schwein	✔				
Gans				✔	
....					

Alle **landwirtschaftlichen Produkte**, die man im Geschäft kaufen kann, müssen bestimmte **Kennzeichnungen** aufweisen. Somit kann man nachvollziehen, woher sie kommen.
Bei Eiern zum Beispiel verraten bestimmte Zahlen und Buchstaben die **genaue Herkunft**.

3

2 Informiert euch über das **„AMA-Gütesiegel“**.
Es gibt auch viele regionale Siegel, die angeben, woher die Lebensmittel stammen.

Erinnere dich

Du hast in diesem Buch **viel Wissenswertes erfahren**. Um dein Wissen übersichtlich darzustellen, kannst du eine sogenannte **Mindmap** erstellen. Dabei handelt es sich um eine Art **„Landkarte der Gedanken“**, die ähnlich wie ein Baum mit vielen Ästen aussieht.

1 Wählt in Gruppen ein Thema aus, zu dem ihr euch besonders viel gemerkt habt. Gestaltet dazu eine Mindmap.

- Schreibt das Thema, zum Beispiel „Lebensraum Wiese“, in die Mitte eines großen Plakates und kreist es mit Filzstift ein.
- Zeichnet von der Mitte aus Linien und schreibt ans Ende jeder Linie ein passendes Stichwort. Zum Lebensraum Wiese passen zum Beispiel Maulwurf, Biene, Löwenzahn ...
- Von den Stichworten aus könnt ihr wieder neue Linien ziehen und auch hier Worte dazuschreiben, die euch einfallen. Zu Biene beispielsweise Honig, zu Maulwurf Maulwurfshügel, Nahrung ...

So könnte eure Mindmap aussehen:

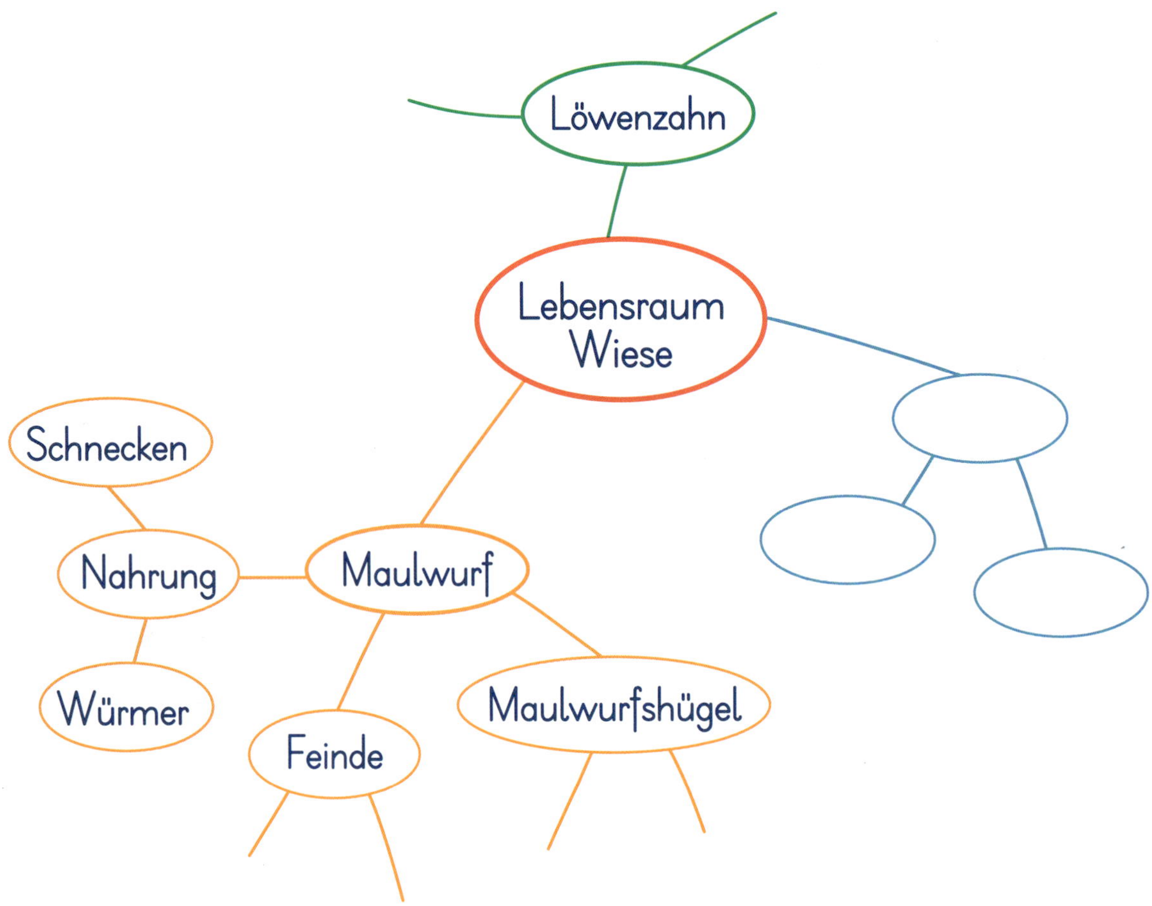